ADRESSE

AUX FRANÇAIS

DE TOUTES LES OPINIONS

(MAIS DE BONNE FOI)

SUR LES

VÉRITABLES CARACTÈRES DE LA RÉVOLUTION DE 1830,

ET SUR

LES AVANTAGES ET LES DANGERS DE LEUR POSITION ACTUELLE.

> La licence assurée de l'impunité est une bassesse qui rend méprisables, et le particulier qui en est coupable, et l'État qui la tolère.
>
> LYCURGUE.

PRIX : 1 FRANC.

PARIS.

LE DOYEN, LIBRAIRE, PALAIS-ROYAL, GALERIE D'ORLÉANS.
DE BOHAIRE, LIBRAIRE, BOULEVARD DES ITALIENS.
ET CHEZ TOUS LES MARCHANDS DE NOUVEAUTÉS.
1835.

AVANT-PROPOS.

Lorsque je viens, mes chers compatriotes, appeler votre attention sur l'état actuel de notre patrie, je n'ai d'autre but que de contribuer à assurer votre bonheur, en vous présentant des vérités qui seront facilement appréciées par vous.

Aucun intérêt personnel ne me guide. Jamais je n'ai rempli de fonctions publiques en France, je n'ai reçu un centime de rétribution des fonds du gouvernement, ni d'aucunes caisses particulières. J'ai parcouru le monde pour acquérir des connaissances, de l'expérience. Je suis vieux et prêt à descendre dans la tombe; je n'ai besoin de rien pour moi : mon seul vœu est la prospérité de mon pays, le bonheur de mes compatriotes.

Voilà la pure vérité. Je dois vous la dire pour éviter toute prévention de votre part, avant de lire ce que je vais vous exposer; car autrement je manquerais mon but.

Je veux vous entretenir, non du passé, qui ne nous appartient plus, mais du présent qui forme notre point de départ, pour nous diriger vers l'avenir par la voie la plus sûre.

Si mon nom, attaché à cette adresse, pouvait ajouter à son utilité; s'il était un attrait pour le lecteur, une autorité pour ceux qui, en lisant un ouvrage, jugent de son mérite par la réputation de l'auteur, je le placerais au bas du titre. Le seul motif qui m'en empêche, c'est que j'ai toujours évité de me mettre en évidence, pour ne pas être taxé de présomption.

Une révolution est toujours pour le peuple qui la subit une affreuse calamité. On peut la comparer à l'incendie d'un vaste édifice qui prive ceux qui l'habitaient de l'abri et des douceurs qu'il leur procurait. Ils peuvent, alors qu'ils en ont reconstruit un autre, y rencontrer plus d'avantages et de meilleures distributions que dans celui qu'ils ont perdu ; mais, jusqu'à ce que le malheur soit réparé, que de souffrances, que de peines n'éprouvent-ils pas ! Ces souffrances sont naturellement d'une durée proportionnée à la grandeur de l'édifice qu'il faut reconstruire et à l'accord qui règne entre ceux qui entreprennent d'en tracer le plan et de l'exécuter.

Sans nous arrêter à considérer si notre révolution de 1830 était inévitable, quels en furent les causes et les auteurs, voyons-la seulement comme un fait. L'ÉDIFICE PUBLIC FUT RENVERSÉ, IL FALLUT LE RELEVER.

Ce fut alors que chacun présenta les moyens qu'il crut les plus avantageux ; que la population française se partagea en quatre opinions, se forma en autant de partis. Les neuf dixièmes de ceux qui composèrent chacun de ces partis, s'y engagèrent de bonne foi, en gens d'honneur qui veulent, avant tout, le bien et la gloire de leur pays. Les autres, en plus ou moins grande proportion, ne furent guidés que par leur intérêt personnel ; c'est la passion de certains hommes : *eux avant tout !* Périsse l'Etat, pourvu qu'ils s'enrichissent, qu'ils satisfassent leurs passions ! Mais ne nous occupons pas d'eux ici. Il ne s'agit maintenant que d'examiner ce qu'a voulu, ce que veut encore la masse de la société, dans un but moral et politique, mais auquel chaque parti croit pouvoir arriver par des voies différentes.

En politique, la première condition est *de vouloir le possible*.

Après les sanglantes journées de juillet, les hommes dévoués de cœur et d'âme à la branche aînée des Bourbons, ne s'occupant que de ce qu'ils appellent *le principe de la légitimité*, voulaient la maintenir sur le trône. La chose était impossible, puisqu'il venait de s'écrouler sous elle, et que l'opinion publique, cette puissance irrésistible, la repoussait. L'absence de tout gouvernement, l'anarchie, la guerre civile n'auraient pas amélioré la situation des partisans de la famille déchue. Ces fléaux, au contraire, eussent ajouté pour eux, à la perte de leur fortune et de leurs titres, celle de leur vie : ils eussent été les premiers sacrifiés à la fureur des uns, qui leur auraient réproché d'être les auteurs des malheurs de la France; à la spéculation des autres, qui, comme en 1793, eussent égorgé ceux qui avaient des biens, pour s'en emparer.

Les hommes qui étaient enflammés d'une ardeur guerrière, qui avaient participé à la gloire de l'empire français, guidés par Napoléon, qui n'attribuaient ses revers qu'à des circonstances que l'expérience qu'ils avaient produite pouvait faire éviter, formaient un second parti qui voulait se ranger sous la bannière de son fils; l'appeler au trône qu'avait perdu son père et *le voir rétablir le gouvernement militaire, absolu, dictatorial*.

C'était encore vouloir l'impossible. Le parti n'était pas assez fort pour prédominer, se constituer en gouvernement. Il était menacé d'une vigoureuse opposition de la part d'un troisième parti infiniment plus nombreux et plus audacieux, parce que ceux qui le composaient avaient moins d'expérience, étaient enthousiasmés de principes qui enflammaient leurs jeunes cœurs, leur donnaient l'espoir d'être utiles à leur pays et d'acquérir pour eux-mêmes fortune et dignités.

Je parle du parti républicain. Il était composé principalement, et pour la saine partie, de jeunes gens qui venaient de terminer leurs études et la tête remplie des hauts faits, tant vantés dans l'histoire, des républiques anciennes; ne considéraient pas qu'elles se sont successivement écroulées, et que les hautes vertus, l'honneur, surtout l'amour de la patrie, qui ont constitué leur force et prolongé leur existence, ne se rencontrent plus à un si haut degré parmi les peuples qui habitent la terre aujourd'hui. On n'en peut citer aucun exemple.

Ce qui rendait encore impossible le succès de ce parti, était le souvenir des horreurs qui avaient mis la France en deuil, sous le gouvernement de la république surgie de la révolution de 1789. Ajoutez à cela que ceux qui se présentaient comme les chefs de ce parti, proclamaient les mêmes principes que dans ces temps malheureux.

Leur gouvernement devenait donc impossible. L'opinion d'une immense majorité du peuple français le repoussait. La réunion de ces trois partis était impraticable, parce que leurs principes étaient opposés. Ils étaient, sinon des ennemis les uns des autres, au moins antipathiques.

Vouloir, chacun séparément, entrer en lice, saisir les rênes du gouvernement, leur parut et était réellement impossible.

Un seul moyen de salut se présenta. La partie la plus expérimentée de la population, mûrie par les événemens passés, accoutumée à réfléchir avec calme et sagesse sur ce qui pouvait le mieux convenir à la France, pour arrêter le désastre et reconstruire l'édifice social, se réunit dans la pensée *de rétablir le gouvernement représentatif, monarchi-constitutionnel, et héréditaire de mâle en mâle, par ordre de primogéniture*, parce que, disait-on, c'est le seul gouvernement qui puisse assurer la liberté civile, et maintenir la paix intérieure : seulement, comme les événemens viennent de démontrer que certains articles de la Charte constitutionnelle sont susceptibles d'une fausse interprétation, nous les rendrons plus explicites, nous y ferons les amendemens nécessaires pour que les gouvernans et les gouvernés sachant bien apprécier les limites de leurs pouvoirs et de leurs droits, ne puissent plus désormais les interpréter à leur gré, et se mettre en guerre les uns contre les autres.

Ces amendemens médités, discutés et consentis, on rédigea la Charte de 1830. On proposa à Louis-Philippe, duc d'Orléans, que l'on considérait comme le plus capable de bien gouverner la France, de réparer les désastres qu'elle venait d'éprouver, d'accepter les rênes du gouvernement, aux conditions de régner et gouverner conformément aux principes, c'est-à-dire au texte et à l'esprit, désormais non équivoques, de la Charte constitutionnelle. IL LE JURA. Tel fut le pacte entre lui et le peuple français. Il accepta la couronne à cette condition, tandis que la Charte de 1814 fut représentée comme *donnée* par le roi, ce qui par la suite a fourni matière à discussion; les conseillers inhabiles de Charles X lui répétant que, si Louis XVIII avait donné la Charte, il pouvait la retirer; qu'il l'avait OCTROYÉE et pouvait la modifier ou la mettre de côté, la laisser tomber en désuétude comme bonne dans un temps, mauvaise dans un autre; le tout suivant son jugement et sa volonté. Ils ajoutaient que l'article 14 de la Charte, qui donnait au roi le pouvoir de faire les réglemens et ordonnances nécessaires pour l'exécution des lois et *la sûreté de l'Etat*, démontrait suffisamment que si, dans son opinion, la sûreté de l'Etat se trouvait compromise par l'exécution conforme au texte de la Charte, il pouvait, sans nul doute, retirer ou modifier cette Charte que son frère avait octroyée au peuple français, à *son* peuple. Ces fallacieux argumens ont prévalu sur l'esprit d'un prince bon, mais faible, descendant de Louis XIV, *surnommé le Grand*, qui disait : « L'ETAT, c'est moi : *la fortune de mon peuple m'appartient* », et dont il croyait pouvoir rétablir les principes. Il ne réfléchissait pas que les temps avaient changé, que les abus du pouvoir en avaient amené la répression ; que, d'absolu qu'il était alors, il était devenu limité par une révolution dont le peuple français n'était nullement disposé à sacrifier les avantages ; que tenter de revenir aux anciennes idées, réveillerait l'esprit d'opposition, parce que les Français s'étaient pénétrés des vrais principes constitutifs du gouvernement monarchique ; parce qu'ils avaient appris à juger, par le caractère moral de la plupart des rois qui avaient gouverné la France ; par l'abus qu'ils avaient fait de leurs pouvoirs, *qu'ils n'étaient pas les élus de Dieu*, qu'ils n'avaient pas le droit de gouverner le peuple en maîtres absolus, mais comme chefs de la grande famille et paternellement ; parce que ce principe était devenu constant : *que les peuples n'appartiennent point aux rois* ; qu'une nation représente une immense association d'hommes réunis pour leur protection commune, la conservation de leur liberté, de leurs propriétés ; que, dans le principe de ces associations, on a reconnu la nécessité de choisir un chef, lui donner le droit de gouverner suivant les lois établies, pour assurer à chacun, au plus faible comme au plus fort, la jouissance inaltérable de ses droits.

Il a été reconnu de même que, si l'on devait accorder à ce chef (quelque nom qu'on lui donnât), le droit de transmettre à sa mort son autorité à son fils aîné, ou, à défaut, à son plus proche héritier, ce n'était pas parce que cette autorité appartenait à lui, à sa famille, exclusivement comme chose dont il pouvait disposer à son gré, mais parce que la paix, la sécurité, la puissance de la nation exigeaient cette mesure, sans laquelle, à la mort du souverain, il se présenterait de nombreux prétendans à la couronne ; chacun d'eux, appuyé de partisans qu'il aurait su captiver par des promesses, ce qui occasionerait d'abord la guerre civile, puis peut-être la division du territoire, le démembrement, par conséquent l'affaiblissement de la nation.

Ce fut pour éviter pareils inconvéniens que l'on crut devoir attribuer au monarque *l'inviolabilité*, mais non pas dirigé par la pensée qu'il eût droit d'agir suivant son caprice et avec impunité. Non ! l'on savait qu'un roi, comme homme, n'était pas infaillible; que le soumettre à l'examen de sa conduite, à la répression de ses erreurs, c'eût été l'exposer constamment aux attaques de ceux qui auraient convoité sa couronne; que c'eût été arrêter la marche de son gouvernement, l'avilir aux yeux du peuple qui devait l'environner de ses respects pour consolider sa puissance.

Mais en même temps que les peuples dans l'état de civilisation ont senti l'importance que leur souverain fût inviolable, ils ont jugé nécessaire de tracer les règles de son gouvernement, d'établir des limites à son autorité, et de lui opposer des digues qu'il ne pût franchir.

Ainsi avons-nous vu les parlemens s'opposer à la volonté des rois quand leurs prétentions ont outrepassé leurs droits; et c'est parce que ceux-ci ont voulu détruire cette barrière, suivre les conseils d'une ambition effrénée ou de ministres inhabiles que les peuples, livrés à leurs caprices, à leur discrétion, à celle des grands de l'État, se sont réveillés de cette léthargie dans laquelle leur confiance dans leurs gouvernans les avait plongés depuis l'origine des institutions monarchiques, et se sont enquis de leurs droits. Ainsi sont survenues ces révolutions dont les malheurs inévitables, puisqu'elles commencent assez fréquemment par l'exaltation des esprits, ont instruit les peuples, et qui ont eu pour eux l'avantage de les porter à rechercher quelle est la forme de gouvernement la plus susceptible de procurer à chacun la jouissance paisible de ses droits, le libre exercice de son industrie, la conservation de ses propriétés, la contribution proportionnée aux charges de l'État; en même temps d'assurer à la nation de la puissance, de la gloire et la conservation de la paix, avantages auxquels contribuent si essentiellement l'amour de la patrie, la confiance réciproque entre les gouvernans et les gouvernés.

Les législateurs anciens et modernes ont reconnu que le gouvernement mixte était le plus susceptible d'assurer la tranquillité de la nation, le bonheur du peuple. Ils l'ont appelé *mixte*, parce qu'en lui se trouvent la royauté, l'aristocratie et la démocratie combinées par des lois qui redressent la balance du pouvoir toutes les fois qu'elle incline trop vers l'une de ces formes. Platon, Solon, Aristote pensaient ainsi. L'Angleterre, puis la France, à la suite de leurs révolutions accasionées par l'abus du pouvoir, éclairées par l'expérience, après avoir profondément médité pour résoudre cette question : *Quelle est la meilleure forme de gouvernement pour les temps actuels ?* sont revenues à ces principes consacrés plus de deux mille ans auparavant. On est resté convaincu que ce qui convenait le mieux alors, est encore ce qui est préférable aujourd'hui, tant est puissant l'empire de la vérité ; et dans deux mille ans encore, telles révolutions que puissent subir les peuples de la terre, tels essais que puissent tenter les gouvernans des nations, l'on en reviendra toujours à ce principe.

On m'objectera peut-être que cette vérité n'est pas tellement constante qu'elle soit reconnue et mise à profit par tous les peuples de la terre. J'en conviendrai ; mais je ne craindrai pas d'affirmer que les temps feront triompher ce principe, vraiment conservateur. Ce qui le prouve, c'est que les nations les plus éclairées l'ont adopté ; qu'à mesure que les lumières se répandent chez leurs voisins, ceux-ci l'adoptent de même, et que les peuples qui gémissent encore sous les gouvernemens absolus et despotiques, sont dans un état de barbarie, d'ignorance et de superstition qui ne permet pas de les citer pour exemple, en opposition aux principes du gouvernement que je viens de vous démontrer comme le meilleur de tous, dans l'opinion des

anciens comme des modernes législateurs, LE GOUVERNE-
MENT MIXTE.

Eh bien! mes chers compatriotes, c'est celui dont nous jouissons maintenant, et, pour la première fois, sans équivoque, sans qu'il soit possible pour le roi, ni désirable pour le peuple, d'en changer la forme. Telle est la situation présente du peuple français en fait de gouvernement, *qu'il ne peut rien obtenir de mieux; tels changemens qu'il y apporte, il ne peut qu'y perdre quant aux principes.*

Maintenant examinons si, quant à la famille régnante, à l'administration, il est possible de rien changer en mieux?

Chacun, dans ses opinions, est dirigé, soit par sa conscience, son esprit et son expérience, soit par son intérêt et son ambition. Les désirs qu'il forme sont ce qu'on appelle *son opinion*. Tellement puissans sont ces désirs chez l'homme guidé surtout par son intérêt personnel, qu'il ne s'arrête pas à considérer, d'abord, si le gouvernement qu'il souhaite est possible; puis, s'il favorise l'intérêt de la masse; enfin, s'il assurera la tranquillité et la prospérité de la nation?

Voyons ce qu'il y a de possible et d'avantageux dans l'adoption des systèmes proposés par les quatre opinions ou partis qui, aujourd'hui, s'occupent de traiter les questions politiques.

Entre autres vérités que je crois pouvoir faire valoir ici, je dirai que la science de la politique est la plus difficile à obtenir, parce qu'elle exige une très-longue étude, non pas dans son cabinet; car ce n'est pas là qu'on obtient la connaissance du cœur humain, qui est indispensable avant de prétendre pouvoir décider en matières politiques; mais en tous les pays et lieux qui présentent un vaste champ d'observations, de comparaisons et d'expérience. J'ajouterai qu'il faut, pour s'être préparé à cette étude, 1° être doué d'un jugement sain, ce que la nature n'accorde pas à tout le monde; 2° avoir reçu toute l'instruction nécessaire pour pouvoir apprécier la valeur de chaque chose; 3° avoir un esprit dégagé de préjugés, d'intérêt personnel, de cette présomption si commune à bien des gens pourvus d'un demi-savoir, qui ne veulent plus rien apprendre, ou parce que leur orgueil s'oppose à ce qu'ils confessent avoir encore besoin d'instruction, ou parce que réellement ils croient tout savoir. Je donnerai pour exemple que beaucoup de gens qui se croyaient très-savans en politique, et qui ont obtenu d'entrer dans l'administration du gouvernement, se sont trouvés tout étonnés d'apercevoir qu'ils éprouvaient les plus grandes difficultés à administrer une simple sous-préfecture ou autre emploi même moins important, quoique aidés d'employés déjà routinés par leurs prédécesseurs.

Mais prenons les choses comme elles sont. Chacun veut s'occuper de politique, quoique plus ou moins, ou nullement instruit en cette science difficile. Eh bien! sans prétendre entrer dans les questions les plus subtiles et, par cela même, les plus controversées, traitons seulement les plus simples, les plus claires, celles qui sont le plus à la portée des hommes de bon sens et de bonne foi.

Charles X a abdiqué, ainsi que son fils, en faveur du duc de Bordeaux ; mais l'immense majorité du peuple français a repoussé cette mesure en disant : « Le roi qui, » pour avoir violé ses sermens, avoir voulu soutenir par » la force des armes des ordonnances contraires à l'esprit » comme au texte de la Charte, a perdu la couronne, » peut-il en disposer en faveur de qui que ce soit : peut-on » disposer de ce qu'on a perdu ? »

Ce serait mal comprendre le principe de la légitimité que de croire qu'il donne au souverain le droit d'essayer de réduire le peuple à sa volonté arbitraire et despotique, en tournant contre lui l'armée instituée pour le protéger contre l'étranger ou les perturbateurs du corps social, avec la perspective, s'il ne réussit pas et s'il succombe dans le conflit, de dire : « Je n'ai pas réussi ; j'ai perdu la cou- » ronne ; mais je la donne à mon petit-fils. Je continuerai » de régner *en lui et par lui.* Il est élevé par moi, imbu

» de mes principes; il prendra mieux ses mesures que
» moi, saisira un temps plus opportun, et parviendra un
» jour à me venger, en punissant ce peuple d'avoir pu
» résister à ma volonté suprême, et d'être sorti victorieux
» du combat que je lui ai livré. »

On a défini autrement la légitimité. Elle fut instituée,
a-t-on dit, pour que le trône, ne se touvant jamais va-
cant, personne n'eût droit, à la mort naturelle du souverain, de prétendre y monter, excepté celui que la loi fondamentale a désigné : c'est-à-dire son premier héritier
mâle, en ligne directe, ainsi que la loi salique l'a établi
en France; mais la couronne ne fut jamais considérée
être la propriété personnelle du roi, et ne pouvant pas
sortir de sa famille. L'histoire de France le prouve.

La première race des rois de France, dite des *Méro-
vingiens*, après avoir régné 270 ans, se vit usurper la
couronne par l'ambitieux Pépin. Alors commença la
seconde race dite *Carlovingienne*.

Encore bien que Pépin eût usurpé la couronne, le principe conservateur de la légitimité n'en resta pas moins
invoqué pour ses descendans; non pas qu'il fût monté
sur le trône *légitimement*, mais parce que l'on a pensé
que, puisqu'il y était monté, était parvenu à s'y maintenir, malgré ce principe de légitimité qu'avaient droit d'in-
voquer le roi détrôné, Childéric et ses descendans, il fallait, puisque la force dominait le principe, le transmettre
à cette seconde race, afin de préserver la nation des fléaux
qu'occasione la vacance d'un trône. Ainsi les descendans
de Pépin l'usurpateur furent reconnus comme *héritiers
légitimes de la couronne*. Cette seconde race régna environ
236 ans; mais Hugues Capet, à son tour, se sentit assez puissant pour méconnaître ce principe de la *légitimité*, et, au
mépris du droit qu'il conférait à Charles, duc de la basse
Lorraine, il s'empara de la couronne et *s'assit sur le trône
de France*. Il n'en invoqua pas moins pour ses descendans ce principe qu'il venait de fouler aux pieds. La

nation continua de le consacrer comme conservateur, mais uniquement dans l'intérêt de sa tranquillité, et pour se préserver de la guerre civile, de l'anarchie, du démembrement de l'Etat et du territoire. Jamais elle ne pensa que ce principe de légitimité dût être considéré dans le seul intérêt de la famille royale, et comme donnant au roi le sceptre en propriété, pour que, tel usage qu'il en fît, venant même à le perdre par abus de pouvoir, il pût ensuite le transmettre à son fils, pour essayer s'il pourrait mieux réussir que lui.

Nous voyons donc comment, à son tour, Hugues Capet, *usurpateur de la couronne*, fût reconnu comme la transmettant *légitimement* à ses descendans. Voici comme la branche aînée des Bourbons possédait le trône de France *à titre légitime*. Nous savons comme elle en a sapé les fondemens, comment il s'est écroulé sous Charles X.

Avouons-le franchement, mes chers compatriotes, dussions-nous plaindre le malheureux enfant dont on a sacrifié l'avenir, aussi ceux qui, sans l'avoir mérité, se sont trouvés victimes des erreurs qui ont amené la catastrophe ; la restauration du jeune Henri sur le trône de France est devenue impossible aux yeux de tous les hommes de bon sens, d'expérience, et qui ne se laissent pas égarer par leurs passions, soit dévouement ou ambition.

Les idées qui ont toujours prévalu dans l'esprit des membres de cette branche de l'ancienne famille royale, y prévaudront toujours. L'expérience ne pourra jamais les en déraciner. Ils ont manifesté envers la nation française, dès leur rentrée en France, en 1814 et 1815, une aigreur, une espèce de ressentiment des événemens passés, que rien n'a pu adoucir. Ils en ont voulu consacrer le souvenir en érigeant des monumens qu'ils ont qualifiés d'expiatoires et dont ils ont fait supporter la dépense au peuple français, comme pour l'accuser en masse des crimes qui avaient été commis pendant le système de la terreur d'une révolution que la cour et la noblesse de France devaient plutôt s'accuser d'avoir occasionée, que le peuple qui y avait été poussé. Ils ont voulu priver le peuple des avantages que cette révolution avait produits ; et enfin le ramener à subir le joug d'un pouvoir absolu. La nation française, généreuse envers ses anciens princes, s'est trouvée humiliée de ne pas les voir sympathiser avec elle. Il y a eu agression d'une part, résistance de l'autre ; les antipathies ont poussé des racines de plus en plus profondes, et le dernier attentat dirigé au nom du malheureux Charles X contre la nation française, les a rendues adhérentes au sol.

Inutile de chercher à distinguer quels furent les plus grands coupables ; si l'attentat fut le fruit de l'ignorance, de l'erreur, de la faiblesse, de la superstition, des préjugés ou de toute autre cause. Le FAIT est la seule chose à reconnaître : personne n'a en son pouvoir de démontrer le contraire par aucuns argumens solides.

Tout à plaindre que soit l'enfant qui a perdu un si bel héritage, que le soient aussi tant d'honorables familles dont la révolution de 1830 a détruit l'avenir, il faut renoncer à l'idée de jamais revoir la branche aînée des Bourbons remonter sur le trône de France. Les monarques européens qui ont concouru deux fois à l'y rétablir, dont l'existence à eux-mêmes s'est trouvée menacée, ou au moins la tranquillité troublée par l'inhabileté dont elle a fait preuve, ne désirent pas l'y voir remonter et ne feront rien pour y contribuer.

Les partisans de cette branche aînée des Bourbons, ceux qui, par dévouement, par conscience ou par intérêt, ont cru devoir réunir leurs efforts pour renverser le nouveau gouvernement, ont commis de grandes fautes qui ont encore étendu, s'il est possible, la distance que les ordonnances de juillet avaient établie entre la dynastie déchue et la nation française. Signaler ces fautes en détail semblerait vouloir irriter contre eux ceux de leurs concitoyens qui sont d'une opinion opposée. Mon désir, au contraire, serait de rallier tous les partis dans un intérêt commun, *celui de la France.* Quand je dis tous, j'entends tous ceux qui possèdent un cœur noble, généreux, un cœur français ; car il serait absurde de vouloir faire concourir au même but, ceux qui font métier de troubler la paix de leur pays, d'exciter les passions de leurs concitoyens, de les alarmer par des mensonges, d'exploiter leur crédulité, et d'augmenter leur aveuglement.

De tout temps, dans tous les pays et sous tous les gouvernemens, on a vu, on voit et l'on verra des hommes doués d'un certain esprit, mais trop dépravés pour en faire un noble usage, pour l'employer au bien ; qui, au contraire, l'emploient au mal, parce que l'esprit, le génie ne restent jamais inactifs : ils poussent sans relâche ceux qui en sont doués vers le but où leurs penchans les entraînent. Tant mieux pour le pays, pour la société, pour les familles en particulier, si ceux qui ont reçu de la nature ces heureuses facultés, ont aussi reçu de leurs parens de l'éducation, de bons exemples, de saines leçons de morale et de religion qui ne leur permettent d'en faire usage que pour un but honorable. C'est à ceux-là que je m'adresse aujourd'hui, ainsi qu'à tous ces honnêtes Français qui, sans être doués des dons particuliers de la nature, sans avoir eu l'avantage de recevoir de l'instruction et une éducation parfaite, ont cependant le cœur droit et assez de bon sens pour distinguer entre le mensonge et la vérité ; à tous ceux qui n'ont pour but que d'exercer en paix leur industrie, faire le bien-être de leur famille, et pour désir, que de voir la tranquillité régner, les lois exécutées et l'autorité respectée.

Quant à ceux qui emploient leur esprit à faire le mal, à tromper leurs concitoyens, les exciter à la guerre civile, parce que c'est par le désordre seul qu'ils se procurent les moyens de vivre et ont l'espoir d'arriver à posséder ce qu'ils savent ne jamais pouvoir obtenir là où règnent l'ordre et la paix ; bien loin de me flatter de les convertir, de leur faire approuver mes efforts pour rallier les Français sous la bannière de l'honneur, je suis bien assuré qu'ils se déchaîneront contre toutes les vérités que j'expose ici dans l'intérêt général, qui n'est pas le leur; qu'ils critiqueront mon style, ma personne, pervertiront mes intentions, emploieront le sarcasme, le ridicule, et me gratifieront de quelque sobriquet, ainsi qu'ils en ont l'habitude envers tous ceux qui contrarient leurs vues, en les montrant comme ennemis du bien public. Je m'attends à leurs coups; mais je ne les redoute pas : leurs blessures laissent d'honorables cicatrices.

Je reviens aux fautes qu'ont commises les partisans de la dynastie déchue; non pas pour les leur reprocher, Dieu m'en garde! mais pour les convaincre du tort qu'ils ont fait à eux-mêmes et à leur cause. Je mentionnerai la principale.

Trouvant leur parti trop faible, impuissant pour renverser le nouveau gouvernement, ils ont voulu s'allier avec les hommes des deux autres partis, qui visaient au même but; mais, pour arriver chacun d'eux à établir une forme de gouvernement différent de celui dont nous jouissons, et opposé à celui de chacun des deux partis auquel le troisième venait se joindre. Ainsi, aucun des trois n'était de bonne foi envers ses alliés; l'alliance n'avait pour but que de détruire, pour ensuite reconstruire, chaque parti dans son système.

Il faut bien noter que les chefs de parti sont, à cet égard, les seuls reprochables, et qu'on ne peut que plaindre les hommes qui, de bonne foi, se sont enrôlés sous leur bannière; car tout le monde sait qu'en fait de partis politiques, les chefs dirigent suivant leur propre jugement, et principalement leur intérêt personnel; que les masses agissent d'après leurs ordres, suivent leur impulsion, s'abandonnant et s'en rapportant aveuglément à eux. Il ne peut, il ne doit pas en être autrement; car tout corps constitué doit avoir un chef qui en dirige les membres. Tant mieux s'il les dirige bien; mais s'il n'en a pas l'esprit, adieu le corps!

Je suis donc loin de blâmer les individus, en particulier, des mesures que les chefs du parti auquel ils s'attachent de bonne foi, d'après l'impulsion de leur conscience, leur font exécuter. Je ne puis que les plaindre quand ces chefs les dirigent vers des précipices; ainsi que je plains l'infortuné Charles X, que des conseillers inhabiles ont poussé à sa ruine et à celle de sa famille.

Cette alliance, qu'on a appelée *monstrueuse*, parce qu'elle n'avait été provoquée que par les plus aveugles passions, qu'elle n'avait pour but que de détruire ce qui fait le bonheur des nations, le respect dû à l'autorité, l'ordre et le règne de la loi, pour y substituer l'anarchie et la guerre civile, a rallié au gouvernement de Louis-Philippe un très-grand nombre de Français qui ont aperçu clairement le précipice vers lequel cette triple alliance les entraînait. Quoi! se sont-ils dit (chacun pour le parti auquel il s'était attaché), nos chefs nous faisaient espérer que bientôt nos forces, nos moyens de succès seraient tels que nous pourrions remplacer sans difficulté le gouvernement qu'ils appellent du *juste-milieu*, et que les deux autres partis de l'opposition seraient obligés de se soumettre au gouvernement que nous nous proposons d'établir; qu'ainsi, nous n'aurions à combattre qu'un ennemi, et voici qu'on nous en présente maintenant *trois*. C'est-à-dire que Louis-Philippe renversé, nous aurons à tourner nos armes contre les deux partis auxquels s'allient nos chefs aujourd'hui pour arriver à ce but; que, si les deux autres s'allient contre nous, nous serons de même culbutés; puis les deux derniers se battront de nouveau pour voir à qui restera la victoire et lequel gouvernera la France d'après son système. Quel carnage se fera des malheureux Français avant que le parti vainqueur ait anéanti les trois partis opposés! Mais plutôt n'est-il pas raisonnable de penser que, affaiblis par nos divisions in-

testines, nous verrons arriver l'étranger qui nous dira :
« Depuis 40 ans, vous combattiez pour vos libertés ; vous
» les aviez obtenues au plus haut degré. Une constitution
» que les plus habiles législateurs ont proclamée la plus
» équitable, la plus susceptible de faire le bonheur du
» peuple et la gloire de la nation, vous était garantie ;
» vous l'avez renversée. La liberté de la presse vous
» donnait les moyens de réprimer les abus, vous-mêmes
» en avez abusé. Vous avez fait dégénérer cette liberté en
» licence. Vous l'avez employée à calomnier, injurier
» ceux-là même que vous deviez honorer ; à détruire la
» confiance que le peuple devait, dans son intérêt propre,
» avoir en eux. Vous aviez l'institution du jury : au lieu
» d'exercer la rigueur des lois sur les fauteurs du désor-
» dre, sur les criminels, vous leur avez accordé l'impu-
» nité. Enfin vous aviez la représentation nationale qui
» non seulement vous mettait à l'abri des abus du pouvoir,
» mais qui vous donnait à vous-mêmes le pouvoir supé-
» rieur, celui de faire vos lois, d'en faciliter l'exécution
» et d'assurer la liberté de tous. Pour jouir de tous ces
» avantages, il ne s'agissait que de choisir parmi vous les
» hommes les plus recommandables par leurs vertus, leurs
» talens, leur expérience, leur dévouement à l'intérêt pu-
» blic, à l'honneur de la nation, et *surtout par leur dés-*
» *intéressement.*

» Vous n'avez pas apporté dans ce choix le soin néces-
» saire. Certains hommes se proclamant les amis du peu-
» ple, ont obtenu votre suffrage en excitant vos passions ;
» vous les avez laissé pénétrer dans le sanctuaire de vos
» libertés pour faire de vous des esclaves, pour interrom-
» pre l'union qui doit exister entre presque tous les re-
» présentans d'un peuple qui veut être libre, et qui sait
» employer les moyens de l'être véritablement. Ils vous
» ont enchaînés par vos passions au char sur lequel cha-
» cun d'eux s'est élevé. Ils se sont faits chefs de parti ; ils
» vous ont ralliés sous la bannière des différens partis

» qu'ils ont créés en opposition au gouvernement existant.
» Ils ont réuni leurs efforts pour le détruire ; puis ils vous
» ont, à votre tour, lancés les uns contre les autres dans
» l'arène sanglante couverte des membres épars de vos pai-
» sibles compatriotes. Vos malheureux frères, qui vous
» tendaient les bras, vous les avez égorgés : maintenant,
» vous voici engagés dans une nouvelle lutte pour savoir
» qui obtiendra de remplacer le gouvernement que vous
» avez détruit ; qui sera ultérieurement le vainqueur, qui
» aura les dépouilles des trois partis vaincus ? Cette victoire
» même serait funeste aux vainqueurs ; car, dans le par-
» tage, chacun se plaindrait de ne pas avoir assez. De là,
» nouveaux mécontentemens, nouveaux partis, nouveaux
» combats. Vous voyez donc que vous n'avez pas su profi-
» ter de cette liberté pour laquelle vous avez combattu
» 40 ans, et qu'enfin vous aviez obtenue ! Eh bien ! nous
» venons mettre fin à cette guerre d'extermination. Nous
» allons partager votre territoire, et, *puisque votre li-*
» *berté vous tue, notre joug vous sauvera la vie.* »

Ce n'est vouloir noircir le tableau que de présenter ce
résultat en perspective. Nous n'irons pas loin en arrière,
mes chers compatriotes, pour trouver un exemple qui jus-
tifie ce que j'avance. La révolution de 1789 fit espérer aux
dix-neuf vingtièmes du peuple français que les abus sous
lesquels ils gémissaient allaient être réprimés. Bientôt des
abus plus terribles succédèrent de la part de ceux qui s'em-
parèrent de l'autorité. Ils incarcérèrent les hommes riches,
les traînèrent à l'échafaud pour s'enrichir de leur fortune ;
ils prirent les biens de ceux que la terreur qu'ils inspi-
raient avait fait fuir chez l'étranger ; ils envoyèrent les
jeunes gens combattre aux frontières l'étranger qui accou-
rait pour arrêter ce débordement. Pendant que cette brave
jeunesse leur faisait un rempart de leurs corps, ils se dis-
putaient le pouvoir : le vainqueur envoyait le vaincu à l'é-
chafaud ; l'anarchie était à son comble. Ce qui restait du
pauvre peuple français implorait l'assistance d'un chef

militaire qui pût les affranchir de tous ces brigands. Il parut , et prit pour lui seul le pouvoir que chaque parti s'était arrogé. Le peuple se soumit à son joug dictatorial, sans réflexion, sans condition. Bonaparte sentit la nécessité de courber les Français sous le joug militaire , d'y soumettre ce fantôme de représentation nationale et jusqu'au sénat, *dit conservateur*, par qui il se fit adresser ces paroles qui peignent bien leur soumission à sa volonté : « Sire , le » sénat , premier conseil de l'empereur , dont l'autorité » n'existe que lorsque le monarque la réclame et la met en » mouvement, est établi pour la conservation de cette mo- » narchie et de l'hérédité de votre trône dans notre qua- » trième dynastie. »

Ainsi Bonaparte était véritablement dictateur en France. Il composait ses armées de toute la jeunesse qui était en état de porter des armes ; il enrôlait dans l'administration tous les hommes qui , par leur génie, leur talent, l'énergie de leur caractère, pouvaient en devenir les adversaires.

Tel était , Français, le joug qu'alors vous subissiez, que personne n'osait élever la voix. Enfin le conquérant, enivré de sa puissance , conçoit l'insensé projet de soumettre l'empire des czars ; et cette formidable armée, pour laquelle il avait enlevé l'élite de la jeunesse et épuisé les trésors de la France ; cette armée, qu'il espérait même faire pénétrer en Asie , et avec elle assujettir les peuples de l'Orient , il va la faire périr par la fatigue , le boulet ennemi, la lance du cosaque , et abandonner le corps de ses vaillans soldats sous les neiges ou roulant dans les fleuves du Nord. C'est alors que se réunissent pour le terrasser ces souverains qu'il avait combattus et humiliés. Refoulé sur le territoire français , il vient de nouveau prendre dans vos familles et dans vos bourses de quoi se composer une autre armée; il va tenter la fortune en Allemagne ; il laisse dans les champs de Lutzen et de Bautzen , en deux seules journées, les corps de quarante mille de vos enfans. La bataille de Leipzig achève sa déroute. Il revient encore vous demander votre sang et votre or.

C'est ce misérable état auquel nous étions réduits, mes chers compatriotes, qui nous fit supporter sans murmures l'entrée des armées étrangères sur notre territoire.

Bonaparte, terrassé, fut contraint d'abdiquer le trône de France ; mais l'on commit la faute de lui conserver le titre de souverain. Il sut en tirer parti pour, onze mois plus tard, revenir faire peser de nouveau son sceptre de fer sur notre malheureux pays.

Rentrés sous la domination de Louis XVIII, héritier de l'infortuné Louis XVI, la constitution qu'il avait donnée aux Français leur conférait une liberté dont ils n'avaient point encore joui. Aussi les journalistes l'exploitèrent-ils au gré de leurs passions. Ils maudirent ce terrible conquérant qui, sous prétexte de les affranchir de la hache des bourreaux, était parvenu à river leurs fers, et à les bâillonner de telle manière, qu'ils ne pouvaient se faire entendre que pour l'encenser, chanter ses victoires et son règne glorieux. Il fut accablé d'injures et d'ignominie ; les caricatures et les chansonniers des carrefours se réunirent avec la presse pour flétrir sa mémoire. Mais le 31 mai 1815 les fit tous changer de ton. Il leur fut ordonné, de *par l'empereur*, de bien se garder de mal parler de lui ; mais, au contraire, de reporter leurs injures, leurs ridicules chansons et leurs caricatures sur Louis XVIII. Ils obéirent, parce qu'ils n'eurent pas la liberté de faire autrement.

L'issue de la bataille de Waterloo vint nous affranchir du nouveau joug de Bonaparte ; mais les cent jours de son règne ont encore fait saigner la France par tous les pores. Enfin, après avoir réglé nos comptes avec les puissances étrangères, qu'une seconde fois il avait attirées sur notre territoire, nous respirions sous le gouvernement sage et paternel de Louis XVIII, auquel nous osâmes pourtant reprocher son système, parce que la liberté de parler nous fut rendue, et que les ignorans comme les malveillans pouvaient aussi en faire usage : on l'appela système de *bascule*, pour le tourner en ridicule, quand c'était bien ainsi que Louis XVIII l'avait conçu pour protéger à la fois les deux partis extrêmes contre les fureurs l'un de l'autre. C'était ce même système, dit aujourd'hui du *juste-milieu*, par lequel Louis XVIII empêchait ses émigrés de se ruer contre les démagogues, et ceux-ci de se ruer contre les premiers. Il savait que les passions extravagantes des uns et des autres ameneraient la perturbation dans l'État ; et, du moment où il voyait l'un l'emporter sur l'autre, il donnait à celui-ci l'appui suffisant pour rétablir l'équilibre. En moins de dix ans de son règne, cet habile souverain avait cicatrisé les plaies profondes que vingt-cinq ans d'exercice de toutes les passions humaines, d'essais de tous genres en matière de gouvernement, avaient infligées à notre France. Elle était redevenue florissante ; mais il était dans sa destinée de voir encore la paix troublée et sa prospérité retardée. A ce roi, qui avait su profiter de ses malheurs, de son exil pour s'instruire dans l'art de régner, succéda celui qui, comme l'a dit un spirituel diplomate, *n'avait su rien apprendre ni rien oublier.* Excellent comme homme, incapable comme souverain, Charles X consulta, pour diriger son gouvernement, ceux qu'il avait chargés d'opérer le salut de son âme. Il devint bon catholique et mauvais roi, car il n'avait pas appris l'art de régner. Passons légèrement sur les fautes qu'il a commises, mais reconnaissons qu'à elles seules doit être attribuée la révolution de 1830.

De tout ce qui précède, mes chers compatriotes, nous voyons les dangers auxquels nous eussions été exposés si le bon sens, l'expérience de la majorité du peuple français ne l'eût pas porté à se rallier sous la bannière de la raison ; s'il eût réparti ses forces d'une manière à peu près égale entre les divers partis qui se présentaient pour gouverner la France et relever le trône que Charles X avait brisé dans sa chute. Si celui auquel, en fuyant, il avait voulu déléguer la régence l'eût acceptée, repoussé avec lui au-delà des rives de la France, notre malheureuse patrie serait peut-être encore aujourd'hni livrée aux horreurs de l'anarchie, de la guerre civile; plusieurs millions d'hommes auraient succombé, ou nous serions tombés sous le despotisme militaire, ou enfin, notre territoire divisé entre les puissances voisines, la France aurait disparu de la liste des nations européennes.

Notre bon génie nous a préservés de ces malheurs. Le trône était renversé par l'imprudence de celui qui l'avait occupé, il ne pouvait transmettre ce qu'il avait sacrifié. Il avait détruit l'héritage, ruiné son héritier et tous ceux qui s'étaient attachés à sa destinée.

Il fallait reconstruire un trône, et les vœux de la grande majorité de la nation y portèrent celui qu'ils crurent le plus capable de sauver la France de l'immense péril qui la menaçait. Louis-Philippe, il faut en convenir, n'a point trahi leur espoir ; et qui eût pu se flatter, le 9 août 1830, que les désastres de la révolution qui venait de s'opérer seraient réparés au point où ils le sont en 1835 ? Qui eût osé assurer que les partis de l'opposition qui se déclarèrent alors seraient comprimés en conservant la vie à ceux qui s'y engageaient aveuglément, et avec une telle fureur, qu'ils s'exposaient au fer et au feu de ceux qu'ils attaquaient sans mesure, comme au glaive de la loi si le gouvernement s'affermissait.

Voilà pourtant ce qui est arrivé. Il n'y a pas d'injures, de grossièretés que ceux qui se disaient les vaincus ne prodiguassent à celui qui étendait sa main sur leurs têtes, pour les protéger contre leurs propres fureurs.

On l'a appelé *lâche* ; il est accouru lui et ses deux fils aînés, partout où il y a eu du danger.

On l'a qualifié de *féroce*, de *sanguinaire*, et il a soustrait à l'échafaud ceux-là même qui, malgré la douceur des lois criminelles, avaient été tellement coupables qu'ils étaient condamnés à y porter leur tête. On lui a reproché une prétendue avarice, et il a outrepassé ses revenus pour employer la classe ouvrière et l'empêcher de souffrir des maux auxquels il n'avait pas participé, et qu'il avait entrepris de réparer.

Semblables réponses pourraient être faites à toutes les accusations calomnieuses qu'on a accumulées contre lui et contre ceux qui l'ont aidé à reconstruire le vaisseau de l'État; mais à quoi sert? Tous les hommes de bonne foi et d'un jugement sain, ne lui font-ils pas justice de ces honteuses saillies d'esprit, qui font rire les sots, excitent le mépris et la pitié des gens sensés?

Maintenant je vais, en me résumant, m'adresser à vous tous, mes compatriotes, hommes de conscience et de moralité, dans chacun des partis où vous vous êtes classés, et vous supplier de me répondre dans un langage aussi modéré et aussi bienveillant que celui que j'emploie envers vous. Quel est le gouvernement que vous croyez pouvoir remplacer celui que nous avons aujourd'hui, et qui puisse mieux contribuer au bonheur du peuple, à la conservation de ses droits, de sa propriété et de sa liberté; à la puissance, à l'honneur de la nation; enfin, au bien public auquel le bien particulier se rattache, et l'intérêt personnel doit céder, sans quoi il n'y aurait plus de société possible? Si l'on me conteste que le gouvernement qui vient de relever la nation de sa chute, soit approuvé des neuf dixièmes des hommes qui ont assez d'expérience et de jugement pour bien apprécier ce qui peut le mieux contribuer au bonheur public, je n'ai qu'un mot à répondre: c'est que, encore bien qu'il soit reconnu qu'il y a dix fois plus d'énergie chez les gens qui entreprennent le mal que chez ceux qui désirent le bien, cependant, malgré tous les efforts qui ont été combinés pour opérer le renversement du gouvernement actuel, depuis les émeutes et les conspirations jusqu'à l'abus de la liberté de la presse, non seulement ce gouvernement s'est soutenu, mais il a cicatrisé en moins de cinq années les plaies profondes de la révolution de 1830.

Ce n'est pas parce que l'opinion publique a prononcé; parce qu'elle a fourni un appui suffisant au gouvernement actuel, *appelé à juste titre gouvernement du juste milieu,* puisqu'il se tient toujours entre les deux extrêmes, ce qui est justifié par cette maxime du sage : *in medio stat virtus,* maxime reproduite dans toutes les langues comme une vérité reconnue de tous les peuples de la terre : ce n'est pas, dis-je, parce que cette puissance d'opinion tend à consolider le gouvernement que, satisfait du bien général, je négligerai de vous convaincre, vous, mes chers compatriotes d'une opinion contraire, que la France ne peut aujourd'hui rien changer dans ses institutions, basées sur la Charte constitutionnelle que le roi a jurée, sans y perdre, sans peut-être se perdre et vous sacrifier.

Que nombre de familles, isolément, ne pourront, sous ce nouveau gouvernement, réparer ce qu'elles ont perdu par la chute de l'ancien, est ce que je ne puis contester. Que, dans un nouveau naufrage que subirait le vaisseau de l'État, certains individus, en petit nombre, ne s'enrichiraient pas de ses débris, je ne le contesterai pas davantage : mais ceci est l'histoire de notre vie. Chacun de nous tend à s'élever en fortune, en dignités; l'un arrive au quatrième échelon, un autre au dixième, un autre va beaucoup plus haut : des évenemens imprévus les renversent; ils se trouvent au pied de l'échelle, leur courage peut les y faire remonter, leur prudence les y maintenir; plus souvent ils ont besoin de résignation, soit parce qu'ils manquent de l'un et de l'autre, ou qu'un obstacle invincible s'oppose à leurs désirs.

Eh bien! c'est de la résignation que je recommanderai à ceux qui, comme moi, ont été ruinés par la révolution, et surtout qui, comme moi, presque septuagénaire, n'ont plus la ressource de la jeunesse pour recommencer une nouvelle carrière.

C'est par vous, ô mes chers compatriotes! qui vous étiez attachés à la famille déchue, soit par votre naissance, votre éducation, les principes dont vous avez été imbus ; soit pour la conservation de votre rang, de vos prérogatives, de votre fortune, n'importe enfin ce qui constitue votre dévouement : c'est par vous que je vais commencer pour démontrer que vous-mêmes en général, sauf quelques légères exceptions, ne pouvez rien espérer que de désavantageux de l'entretien de ce ressentiment qui vous anime et vous ronge, vous porte à réunir vos efforts pour détruire ce qui est, dans l'incapacité où vous êtes de dire aujourd'hui ce qu'il est possible de mettre à sa place pour le bien général, pour le bonheur de la France.

Honneur soit rendu à l'immense majorité d'entre vous qui, j'en suis persuadé, voulez, avant tout, la gloire, la prospérité de la France, et qui croyez sincèrement que le rétablissement de la branche aînée des Bourbons peut lui procurer ces avantages ! Mais ne nous faisons pas illusion : demandons-nous comment, par quel moyen possible, le jeune Henri pourrait parvenir au trône ? Supposons comme possible que les trois partis de l'opposition réunis, avec tout l'argent nécessaire pour enrôler cette classe d'hommes que l'on fait se battre pour cent sous, n'importe contre qui ; aidés encore de ces folliculaires qui également pour cent sous fourniront aux journaux de l'opposition les articles les plus calomnieux et susceptibles de décréditer le gouvernement actuel : supposons, dis-je, que tous ces efforts réunis pourraient le renverser : eh bien ! que feriez-vous alors ? vous vous batteriez contre les bonapartistes et les républicains, pour voir lequel parti serait le plus fort et gouvernerait la France ? Dans cette lutte vous succomberiez inévitablement ; vous n'avez ni l'ardeur guerrière des bonapartistes, ni l'enthousiasme et la vigueur des républicains. Vous ne niez pas que vous n'auriez aucunes chances de succès, les armes à la main ; aussi dites-vous : « Nous laisserons ces derniers exploiter le gouvernement, se diviser entre eux, s'envoyer, factions après factions, à l'échafaud, ainsi qu'ils le firent en 1793, et, pendant qu'ils s'affaibliront ainsi, nous négocierons avec l'étranger pour envahir une troisième fois le territoire français, en prendre pour sa peine et ses frais, chacun la portion qui lui conviendra, nous laissant le reste pour en former un royaume sur le trône duquel ils placeront notre Henri. »

J'ai entendu plusieurs d'entre vous reconnaître le peu de chance d'un pareil dénouement, et dire que, sans nul doute, la France serait partagée entre les souverains nos voisins qui, reconnaissant l'impossibilité de calmer l'effervescence révolutionnaire du peuple français, trouveraient plus simple de la faire passer par fractions sous leur domination, et l'assujettir au régime militaire. Ceux qui m'ont parlé ainsi avaient assez d'expérience pour prévoir un tel résultat comme le plus probable, et ajoutaient qu'ils préféraient cesser d'être Français, plutôt que de vivre au milieu d'un peuple qui est devenu insubordonné, licencieux ; qui ne respecte plus la monarchie, et parmi lequel tous veulent commander, aucuns ne consentent obéir. Mais ce langage est celui du désespoir ; en s'y abandonnant, ils sacrifient avec celui qu'ils réclament comme leur seul souverain légitime, leur patrie. Votre patrie, Français ! y avez-vous bien songé ? Ah ! cette idée vous accable. A ce mot, l'honneur se réveille en vous ; votre courage se ranime ; votre ressentiment s'éteint. Non ! vous ne subirez pas l'avilissement du joug étranger. Vous resterez Français ; vous ferez à votre patrie le noble sacrifice de toute opinion, de tout intérêt personnel. Vous direz : LA FRANCE AVANT TOUT : *nous sommes nés et nous mourrons Français.*

C'est à vous maintenant, braves et généreux guerriers, élevés dans les camps, enivrés des conquêtes auxquelles vous avez tant contribué, guidés par le plus grand des héros, que je m'adresse. Vous ne vouliez vivre que pour la gloire. Vous exposiez chaque jour, à chaque instant, votre vie ; vous versiez votre sang pour assurer l'indépendance, et accroître la puissance de cette nation française à laquelle vous vous sentiez fiers d'appartenir : mais l'expérience vous a prouvé qu'une nation agrandie par les conquêtes, et qui ne sait ou ne peut pas s'en assurer le fruit par une paix opportune, sincère et susceptible d'assurer les états voisins contre de nouveaux envahissemens, ne peut que succomber sous le poids de sa grandeur. Le grand génie de Bonaparte n'a pu le préserver de ce revers inévitable. Ses premières victoires ont enrichi la France des trésors de toute espèce qu'il a pu saisir sur les peuples voisins. Leurs souverains se sont soumis, ont cédé à l'empire de la force ; mais quand ils consentaient devenir ses alliés, aux termes qu'il leur dictait, ils se promettaient bien de s'en venger et reconquérir leur indépendance aussitôt que l'occasion leur serait favorable. C'est ce qu'ils ont fait. Bonaparte jugea la campagne de Russie nécessaire, comme il l'a dit, d'après l'esprit des cabinets d'Europe qu'il voyait se combiner contre lui, ou ce fut le besoin naturel chez tous les conquérans enivrés de leurs succès, et qui ne peuvent s'arrêter, qui le porta à entreprendre cette campagne désastreuse.

Il importe peu de déterminer par lequel de ces deux motifs. Nous en déplorons les résultats ; mais il ne pouvait en être autrement. Les nations belliqueuses finissent toujours par succomber. Celles-là seules peuvent prospérer qui tiennent sur pied des forces suffisantes pour se garantir de toute agression, s'assurer la paix au dedans et au dehors. Nous en avons subi l'expérience, et que vous résiste-t-il, braves camarades, de cet esprit de conquête dont vous avez pendant votre jeunesse savouré le parfum ? Ce héros sublime sous les drapeaux duquel vous voliez à la victoire, a abreuvé les champs de l'Europe et de l'Afrique du sang de vos frères. Parmi vous qui avez résisté à ces périls, un nombre, mutilés aujourd'hui, ne trouvent dans l'aisance ni la considération, aucune de ces compensations qui adoucissent le souvenir des fatigues et dangers de leur vie passée : car, lorsqu'une nation est devenue toute guerrière, ainsi que l'a été la France pendant vingt-cinq ans, le mérite d'avoir défendu la patrie, appartenant à presque tous, ne distingue plus que le très-petit nombre de ceux qui ont eu occasion de se signaler par des traits d'héroïsme particuliers; et encore, combien n'ont pu être signalés parmi la foule de ceux que la bravoure française a accomplis! Il résulte aussi de ce que vos travaux, intrépides guerriers, ont été la part d'un si grand nombre, que les trésors de la nation ne suffisent pas pour vous récompenser tous dignement, et ne permettent que de vous fournir les moyens de supporter l'existence.

Il n'en est pas ainsi quand une nation ne s'engage que dans des guerres défensives. Le courage français saura toujours les terminer promptement; une faible portion de la population supportera les dangers d'une telle guerre, vengera la patrie, et recueillera les témoignages marqués de la reconnaissance nationale pour les services qu'elle aura rendus.

La tranquillité intérieure d'un pays, qui résulte de l'union des citoyens, telle que soit la profession de chacun, de la confiance qu'ils manifestent dans le gouvernement et du respect qu'ils observent pour les lois et les autorités, procure à la nation prospérité au dedans, force et considération au dehors. Les arts, le commerce florissent; chacun y trouve de l'emploi suivant son génie, son industrie, et l'on est heureux. On n'a pas à redouter les attaques de ces hommes qui, poussés par le génie du mal, ne peuvent s'occuper d'autre chose, parce que l'on est toujours pourvu des moyens de les réprimer lorsque le pays est tranquille; que si, par l'effet de la désunion, la division entre les partis et les diverses classes, il ne l'est pas, le malaise devient général, les lois sont difficiles à exécuter, le crime peut arriver à lever impunément la tête, et, contre un tel état, il n'y a plus que la force matérielle, la puissance militaire, et en résultat, le despotisme, qui puissent être appliqués comme remède.

Alors plus de liberté, résultant de l'abus qu'un peuple a voulu en faire : lui-même l'a sacrifiée et a forgé ses chaînes.

Quelle horrible perspective pour vous, braves jeunes gens, qui, terminant votre éducation, entrant dans les rangs de la société, êtes embrasés d'ardeur et du désir de vous y distinguer, de contribuer au bonheur public et particulier, de concourir à rendre votre patrie glorieuse et puissante! Vous qui, mus par ces nobles sentimens, l'esprit rempli des grandes mais passagères destinées des républiques anciennes, des traits glorieux, des grandes et nobles institutions qu'elles ont produites, êtes frappés de cette idée : *que le gouvernement républicain est le seul qui puisse procurer au peuple la vraie liberté.*

Hommage soit rendu à vos généreuses intentions, vous qui ne vous rangez sous le drapeau du parti qui réclame aujourd'hui cette forme de gouvernement en France, que pour l'avantage et la gloire de la patrie, parce que vous êtes persuadés que l'autorité dans les républiques est confiée aux hommes qui en sont les plus dignes, qui ne songent pas à en abuser, et que le président, le chef d'une république, est toujours le *vir probus*, l'homme par excellence! En théorie, cela est ainsi ; mais l'expérience nous a convaincus, comme vous-mêmes, bons jeunes gens, vous le serez un jour, que, dans la pratique, il en est bien autrement.

Je pourrais vous citer pour exemples tous les pays où, depuis la révolution des Américains, on a voulu, à leur instar, établir le gouvernement républicain, en France et dans les divers états de l'Amérique du sud. Je pourrais vous rappeler tous les malheurs auxquels ils ont été en proie; combien d'hommes qui se sont distingués par le plus grand patriotisme, voulant la république pure suivant les principes que leur en avait enseignés la théorie, qui ont été immolés à l'ambition de ceux qui n'avaient cherché à établir cette forme de gouvernement que par l'espoir de

parvenir, à force d'intrigues et de scélératesse, à s'emparer du pouvoir, égorger les grands propriétaires et s'enrichir de leurs dépouilles. Mais ces horribles tableaux, je ne
les déroulerai pas sous vos yeux ; je ne vous demanderai
pas si, dans diverses réunions du parti républicain auxquelles vous avez assisté, vous n'avez pas entendu plusieurs
de ceux qui se présentent pour être chefs de ce parti, vous
citer ROBESPIERRE et MARAT comme des modèles à imiter ?
Si vous n'avez pas entendu dire qu'aussitôt que la république serait établie, il faudrait abattre quatre millions
de têtes pour assurer son empire ; qu'il faudrait regarder
et traiter comme ennemis tous ceux qui ne se montreraient
pas entièrement partisans du système qu'on adopterait ;
que même les hommes tièdes devraient être considérés
comme suspects ? N'avez-vous pas frémi plus d'une fois,
vous, jeunes gens, qui ne voulez la république que pour
la gloire de votre pays et le bonheur de vos compatriotes,
en entendant prêcher ces doctrines ? N'avez-vous pas hé-
sité pour rester attachés à un parti dont dont les chefs
prétendaient, comme en 1793, s'élever sur les débris san-
glans et fumans de la France déshonorée ? Il n'en est pas
un de vous auxquels je m'adresse, c'est-à-dire qui êtes sincèrement voués à l'intérêt de la nation, qui, après avoir
entendu proposer la république de 93 pour modèle, ne se
soit promis de s'opposer à ce qu'on suive cet exemple, se
flattant qu'une immense majorité des membres du parti,
mus par les sentimens nobles et généreux qui vous inspi-
rent, triomphera aisément de ces hommes forcenés.

Détrompez-vous ! le crime a plus d'énergie que la vertu !
Il n'a scrupule de rien ; tous les moyens lui sont bons. Vous
seriez débordés, entraînés par le torrent ; et, si vous ré-
sistiez, classés au rang des victimes.

Voyez Moreau ! Enflammé du plus pur patriotisme, il
fut républicain par principes, sans ambition personnelle ; il
se voua tout entier au service de son pays, et brava tous
les dangers pour conquérir le gouvernement dont il espé-

rait doter la France. Malgré les crimes dont se souillèrent les hommes qui s'étaient emparés du pouvoir sous le règne de la république, malgré qu'il ait vu la nation entière se jeter dans les bras d'un chef militaire et se soumettre à son joug plutôt que de rester exposée aux bourreaux de la république, il a persisté pendant vingt ans à croire ce gouvernement possible, tant son cœur vertueux en avait adopté la théorie. Malgré tous les obstacles qu'il rencontra, la force à laquelle il dut céder, mille et mille exemples qui devaient le convaincre de l'impossibilité de mettre un tel gouvernement en pratique chez une grande nation, il n'abandonna son rêve favori que lorsqu'il eut séjourné quelque temps aux États-Unis, parmi ce peuple qui était favorisé de tous les avantages nécessaires pour établir et conserver cette forme de gouvernement. En y entrant, il me dit, à moi qui lui demandai s'il croyait encore la république possible au temps où nous étions parvenus et après tous les crimes commis pendant sa durée en France, il me dit que malheureusement le peuple français s'était laissé subjuguer par des scélérats qui s'étaient dits républicains sans en avoir les sentimens, et qui n'avaient eu d'autre but que de saisir le pouvoir, régner par la terreur, et s'emparer de la fortune de ceux que, sous le prétexte qu'ils n'étaient pas bons républicains, ils envoyaient à l'échafaud. Il ajouta que, dans son exil, il se trouvait heureux d'être arrivé au milieu d'un peuple sachant apprécier les avantages d'un tel gouvernement ; qu'il se proposait de recueillir tous les documens nécessaires pour, lorsqu'il reviendrait en France, à la chute de Bonaparte, qu'il considérait comme inévitable, tâcher de faire adopter ce système alors que le peuple, éclairé par les malheurs qu'il avait éprouvés, s'appliquerait à en prévenir le retour, en ne mettant à la tête de la république que des hommes vertueux comme l'immortel Washington et le président Jefferson, qui était alors chef de l'Union. Je répondis au général Moreau que je présumais qu'il changerait d'avis quand il aurait vécu seulement douze ou dix-huit mois dans le domaine qu'il se proposait d'acheter sur les bords de l'Hudson ; qu'il aurait assisté aux assemblées et élections communales, aux cours de comtés et audiences de juges de paix ; qu'il aurait été témoin de la manière dont on choisit les fonctionnaires publics, dont ils exécutent les lois et réglemens que beaucoup d'eux ignorent en entrant en fonctions, qu'ils s'occupent moins d'apprendre pendant l'année qu'ils restent en exercice que de favoriser leurs camarades et vexer ceux qui ne le sont pas ; lorsqu'il aurait vu ces élus du peuple intriguer parmi ceux qui se laissent duper, ou les gagner par quelques générosités de *taverne* pour être réélus l'année suivante, en dépit des hommes capables de bien administrer, mais qui n'osent se présenter à l'assemblée tenue à la porte d'un cabaret, pour se mettre en opposition avec ceux qui sont proclamés au milieu des vociférations d'hommes moitié ivres et prêts à *boxer* leurs opposans.

En effet, le général, un an plus tard, reconnaissait déjà qu'il s'était trompé ; et quand il quitta les États-Unis pour revenir en Europe, on l'entendit souvent répéter qu'il fallait venir séjourner dans ce pays de *république modèle* pour se guérir à jamais de toute idée d'un semblable gouvernement.

Mais je vous citerai une autorité bien supérieure encore, pour vous faire connaître la véritable situation du peuple des États-Unis, maintenant qu'il a perdu de vue la nécessité où il s'est trouvé, après avoir obtenu son indépendance, de se maintenir dans une étroite union et de se conformer aux réglemens établis par ceux qui la lui avaient fait conquérir.

Voici la traduction littérale des paroles remarquables que fit entendre M. de Witt-Clinton, gouverneur de l'état de New-York, dans son exposé annuel sur la situation de l'état, à la législature de New-York, le 1ᵉʳ janvier 1828.

« Mais on ne peut et on ne doit pas le dissimuler ; no-

» tre pays a été depuis sept ans plus ou moins exposé à
» des agitations, à des commotions. L'esprit de parti a
» pénétré jusque dans les plus profondes retraites ; il a
» violé la sainteté du caractère féminin ; a envahi la tran-
» quillité de la vie privée et troublé la paix des familles
» par les plus sévères inflictions. Ni l'élévation, ni l'hu-
» milité, ni les charités de la vie, ni les services publics
» les plus distingués, ni l'intérieur privé, ni l'autel n'ont
» été épargnés ; mais un esprit licencieux et destructeur a
» prévalu, sans rien respecter, et pour gratifier de mau-
» vais sentimens et des désirs coupables. »

Depuis le temps où le gouverneur de Witt-Clinton par
lait ainsi, le mal a singulièrement augmenté. Un homme
d'un caractère belliqueux a trouvé le moyen de se placer à
la tête du gouvernement. Il s'est appliqué à se faire un parti
de cette portion de la population la plus ignorante, la plus
aventureuse, parce qu'elle a peu ou rien à conserver, et qui
forme en tous pays une masse matérielle beaucoup plus
forte que la masse intellectuelle. Il a tenté, en changeant
les institutions qui ont fait la richesse du pays, et facilité
aux hommes intelligens et industrieux les moyens d'acquérir de la fortune, de donner à penser à la petite propriété et aux artisans qu'il allait augmenter leur bien-être
de ce surplus qu'il a insinué que les premiers possédaient
à leur préjudice. L'émeute a été provoquée ; mais la guerre
civile n'en a pas encore été la suite, parce que beaucoup
d'hommes appartenant à la petite propriété, quoique partisans de ce chef, craignent pourtant d'arriver à perdre
par la guerre ce qu'ils ont acquis par la paix, et le nombre de ceux-ci est grand. Ils flottent entre le désir d'augmenter ce qu'ils ont et la crainte de le perdre, ce qui mo-
dère l'ardeur que l'on voudrait leur inspirer ; mais, pour
un homme fertile en moyens, il en est un qui pourra
réussir suivant son désir apparent. Une guerre étrangère
peut attirer dans son parti une majorité de la population ;
il en trouvera une également parmi les membres du con-

grès qui se laisseront persuader que l'honneur, l'orgueil national se trouvent compromis, humiliés, si cette guerre n'a pas lieu ; et, afin de tirer avantage de cette tentative, soit qu'elle amène la guerre ou ne l'amène pas, il commence, de sa pleine et seule autorité, par menacer la France de mesures hostiles, si la dette qu'il réclame comme due par elle aux Etats-Unis n'est pas immédiatement reconnue : et voici les deux hypothèses favorables entre lesquelles il se place. Il se dit : « Ou la France, dont
» le gouvernement s'est déjà montré disposé à reconnaître
» cette dette, consentira à l'acquitter parce qu'elle le trou-
» vera juste, et, dans ce cas, je dirai au peuple : *Vous*
» *voyez ce que vous a obtenu mon ton menaçant*, et je le
» disposerai à favoriser mes agressions en quelque autre
» occasion ; ou bien la France résistera, parce qu'elle ne
» jugera pas devoir la somme réclamée, et aussi parce
» qu'elle ne voudra pas qu'on lui impute d'avoir fléchi
» devant mes menaces ; alors j'obtiendrai probablement
» du congrès de me fournir les moyens de suivre la guerre
» que je déclarerai à la France, sous prétexte de lui faire
» payer ce que je prétendrai être dû au peuple que je
» gouverne, et de venger l'honneur national qui, dirai-
» je, se trouverait affecté par l'imputation de lâcheté, si
» le congrès américain se soumettait à la décision des re-
» présentans de la nation française. »

Que ce raisonnement du président des Etats-Unis ne se trouve, en définitive, être qu'un rêve ; toujours est-il qu'il s'occupera peut-être jusqu'à ses derniers momens de le réaliser. Ce fut le thème favori de toute sa vie, ainsi que son biographe nous l'a montré depuis l'âge de 13 ans jusqu'à ce jour. Il est déjà parvenu à exercer une influence absolue sur la masse la plus ignorante du peuple. Il saura gagner par dons et promotions les hommes capables, entreprenans, ambitieux ; ainsi se terminera en despotisme cette république qui, si la mort vient à surprendre auparavant celui qui doit ainsi l'asservir, ne s'en trouvera pas moins agitée et divisée en divers partis. La guerre civile amenera la division du territoire entre les chefs militaires qui régneront sur chaque portion, d'abord despotiquement, puis seront renversés par le peuple quand l'occasion s'en présentera, pour s'ériger en monarchie constitutionnelle, héréditaire, seule forme de gouvernement reconnue capable d'assurer à un peuple ses droits civils et une vraie liberté.

Ainsi finiront avec le temps et après de plus ou moins longues années de désastres les nations qui se sont constituées en républiques et qui en ont perdu les élémens par leur accroissement, leurs richesses, leur ambition, leur luxe et toutes les passions humaines que le temps a développées, qui ont aujourd'hui et auront toujours besoin d'être exprimées par un gouvernement paternel et ferme.

Cet écrit, qui sera conservé par tous ceux qui aiment à méditer et s'instruire, fera alors une impression plus générale qu'il ne va en faire à sa première publication ; car il y a lieu de penser que ceux qui croiront s'y trouver démasqués feront leurs efforts pour en critiquer le texte et en dénigrer l'auteur. Mais force sera un jour de céder à l'évidence, alors que les vérités qu'il expose seront rendues constantes.

Loin de moi la pensée de diminuer en rien les qualités du général Jackson ; mais le génie d'un guerrier l'entraîne ; le salut de la patrie est souvent son but ; pourtant, s'il l'opère aujourd'hui par le succès de ses armes, demain il est vaincu, ses lauriers sont flétris et son pays subjugué.

Puisse la sagesse du congrès américain prévenir l'asservissement du peuple sous le despotisme du guerrier ! Puissent les membres qui le composent faire preuve de patriotisme, en sacrifiant à l'intérêt public ce qui peut leur être personnel ! Puissent enfin les électeurs sentir combien il est important pour la nation de conserver la paix intérieure ; d'éviter, ou du moins reculer autant que possible cette séparation qui doit s'opérer un jour entre des états que bien des motifs diviseront en dernière analyse ; de manière qu'alors qu'elle deviendra inévitable, elle puisse se faire sans déchiremens ! Le seul moyen d'y parvenir sera de choisir pour députés des hommes doués de lumières, d'expérience dans les affaires politiques, d'un esprit noble et désintéressé.

Voyez aujourd'hui l'état des républiques au Mexique et dans l'Amérique du Sud. Des chefs militaires se placent à la tête du gouvernement ; bientôt ils sont culbutés par un autre parti dont le chef se proclame encore président de la république, parce que le mot plaît aux masses ignorantes, et leur fait croire que possédant le titre, ils possèdent la chose. De même que Bonaparte, qui fit frapper de 1805 à 1808 la monnaie de France avec cette exergue sur une face : *République française*, et sur l'autre : *Bonaparte, empereur*, pendant qu'il établissait sa dictature ; ces nouveaux présidens des républiques américaines se déclareront empereurs aussitôt que chacun d'eux se sentira assez fort pour subjuguer la population. Ces exemples nous prouvent qu'une république est toujours en état de guerre civile plus ou moins manifeste qui doit se terminer par le despotisme militaire, lequel doit à son tour être remplacé par une monarchie constitutionnelle, seul gouvernement qui assure au peuple une vraie liberté.

Après avoir démontré que les trois partis qui se qualifient de légitimistes, bonapartistes et républicains, ne peuvent plus espérer de gouverner la France, je termine par récapituler les avantages qu'assure au peuple français le gouvernement qu'il a enfin obtenu, et par rendre évident pour tout individu doué d'un peu d'intelligence, et qui n'est pas sous l'empire d'une idée fixe, créée par son intérêt personnel et son ambition, que nous ne pouvons pas changer la forme de ce gouvernement en quoi que ce soit, sans sacrifier une partie des avantages que nous avons acquis par 41 années de révolution.

J'invite au moins celui qui prétendra prouver que je me trompe à l'entreprendre d'une manière convenable, par une démonstration claire et précise; des argumens sains soutenus d'une longue expérience et d'une profonde connaissance de la politique. Je m'oblige de lui répondre, si son langage est convenable; car, s'il ne veut employer que l'injure grossière, le plat ridicule ou la critique sans fondement; si, à la place de ce qu'il prétendra trouver mauvais ou défectueux, il ne présente pas un meilleur mode de gouverner les peuples, je n'aurai à lui opposer qu'un indulgent silence.

Les avantages du gouvernement monarchi-constitutionnel, héréditaire, dont nous jouissons aujourd'hui en France, sont faciles à démontrer.

Quel fut originairement le but des hommes qui, arrivant à un état de civilisation, se sont constitués en nation; ont établi une forme déterminée de gouvernement, et créé des lois pour maintenir son principe et son action? Ce fut de pouvoir assurer à chacun des membres composant cette nation, ses droits naturels avec une égale justice; d'empêcher le fort d'opprimer le faible, de protéger chacun dans l'exercice de ses facultés, de son industrie, et la conservation de sa propriété; enfin, de lui assurer la liberté civile et religieuse; celle qui consiste à faire ce qui est bien, ce qui ne peut nuire à autrui, ni violer les lois établies pour l'avantage général, suivant la maxime : *Ne faites pas à autrui ce que vous ne voudriez pas qui fût fait à vous-même.*

Il est, en outre, dans le principe de toutes les institutions de mettre un chef en tête du corps. Je dirai même que ce principe est dans la nature; que le créateur nous l'a démontré comme le sien propre dans toutes ses œuvres; qu'il y a assujetti même toute espèce d'animaux dont il a peuplé la terre, et qui vivent en communauté; qu'il a même imposé à cette partie brute de la création, la loi de respecter son chef et ses délégués, ce qu'il a laissé à la volonté de l'homme, comptant sur l'exercice de la raison dont il l'a doué.

Assurément personne ne contestera que tels ne furent l'origine et le but des agglomérations d'hommes se constituant en état de société, connues aujourd'hui sous le titre de NATIONS. Eh bien ! examinons sans prévention, dans l'intérêt de tous, en particulier comme en général, si le gouvernement que nous possédons aujourd'hui en France, nous assure les avantages qui ont fait l'origine et marqué le but des nations.

J'ai dit : 1° *D'assurer à chacun ses droits naturels avec une égale justice.*

Ces droits, cette justice nous sont assurés par la constitution de 1830 (art. 1er).

2° *D'empêcher le fort d'opprimer le faible, de protéger chacun dans l'exercice de ses facultés, de son industrie et la conservation de sa propriété.*

Ceci nous est également assuré par la même constitution (art. 48 à 59).

3° *D'assurer à chacun la liberté civile.*

L'article 4 de la constitution y a pourvu.

Il n'est malheureusement que trop vrai qu'il est impossible d'empêcher l'homme pervers d'abuser de ces libertés que notre généreuse constitution nous assure. Il prétend que, par liberté, on doit entendre celle de faire tout ce qui plaît ; mais alors vous sortez du principe qui vous fait vous constituer en état de société ; car, si ce qu'il vous plaît faire fait mal à autrui, vous vous en êtes interdit le droit par votre institution : c'est donc dans les règles de la vraie liberté que nous devons nous renfermer.

Nous voyons que tous les avantages que les peuples civilisés ont désiré s'assurer par les diffrentes formes de gouvernement dont ils ont essayé, se trouvent garantis par la constitution qui établit les règles du nôtre.

Mais, disent les hommes de mauvaise foi ou trop ignorans pour apprécier la valeur des choses, et dont les discours tendent à semer la méfiance, « nous avions une con-
» stitution sous l'empire, une sous la restauration, on les
» a violées ! » Je réponds que cela est vrai, parce que
sous l'empire, la volonté de Bonaparte, autant dictateur
qu'empereur, comprimait tous les pouvoirs, dont le premier après lui, le SÉNAT, dit *conservateur*, fut contraint
d'exprimer sa nullité lui-même dans cette partie de son
discours que j'ai déjà rapportée. J'ajoute que, sous la restauration, après Louis XVIII, qui vécut et mourut fidèle
à son serment de gouverner selon la Charte ; son succes-
seur, le trop faible et malheureux Charles X, se laissa
persuader que le texte de l'article 14 de la Charte qu'il
avait jurée, devait être interprété de manière qu'il pouvait déroger à cette loi fondamentale, lorsque la sûreté
de l'État le rendrait nécessaire ; qu'il pouvait la remplacer par des ordonnances, suivant sa volonté ; que d'ailleurs, cette Charte avait été donnée, octroyée par son
frère au peuple français ; que ce qu'on octroie dans un
temps, on peut le retirer dans un autre. L'aveuglement
avec lequel Charles X adopta cette doctrine devint trop
manifeste par les termes qu'il employa dans cette décla-
ration au peuple, qu'il fit afficher sur les murs de Paris
quelques jours avant la promulgation des ordonnances du
25 juillet. Voici comment il s'exprimait : « MA VOLONTÉ
» EST INÉBRANLABE, ELLE SERA ACCOMPLIE. » Eût-il connu
l'art et les difficultés de gouverner ; se fût-il occupé, ainsi
que le fit son frère pendant son premier exil, d'acquérir
les lumières qui lui manquaient, de contempler les événemens qui se succédaient si rapidement dans la politique
de l'Europe, il n'eût pas présumé dire, lui souverain in-
expérimenté : MA VOLONTÉ SERA ACCOMPLIE, quand depuis
long-temps les rois, et nombre d'entre eux bien moins
voués que lui aux pratiques religieuses, ont accompagné
l'expression de leur volonté d'une formule quelconque

d'invocation à l'Etre suprême, pour qu'il en permît l'exécution.

A l'égard de la Charte de 1830, toute équivoque a été écartée. Les amendemens qui y ont été apportés en on fait une œuvre parfaite, un pacte inviolable, le gage de la paix et de la prospérité de la nation. On la reconnaîtra telle dès lors que les esprits devenus généralement éclairés, les ennemis du gouvernement, laissés à eux-mêmes, ne formant qu'une partie très-minime de la population, ne pourront plus troubler cette paix, ni s'opposer à cette prospérité.

Louis-Philippe n'a point donné, n'a point *octroyé* la Charte de 1830. Ni lui, ni ses descendans n'ont le pouvoir de la détruire. C'est par elle, devenue le contrat synallagmatique entre lui et la nation, qu'il règne. Il a juré de gouverner d'après elle. Il est *inviolable*, dit-on. Oui, cela est vrai, parce que la tranquillité de la nation serait compromise, s'il ne l'était pas; mais aucune ordonnance, aucune loi ne peuvent être promulguées avec sa signature, sans celle d'un ministre *responsable*. Qui veillera à la stricte exécution de ces mesures conservatoires, ajoute-t-on? La nation entière! nous tous Français, nous que l'on nomme le PEUPLE SOUVERAIN (beaucoup de gens, sans trop comprendre pourquoi, et se figurant sottement que le peuple ainsi dénommé peut exercer la souveraineté par lui-même), parce que le peuple qui a droit de représentation et qui, par ses délégués, fait ses lois, accorde les impôts, calcule les exigences, les nécessités, la nature des événemens, qui s'y conforme pour l'intérêt général et même particulier, un tel peuple peut être appelé, au figuré, PEUPLE SOUVERAIN.

Mais cette souveraineté qui appartient à tous, ne peut être exercée que par les représentans du peuple ; car, ainsi que l'a fort bien exprimé l'honorable M. de Kératry dans sa lettre du 29 mai 1834 aux électeurs du Finistère : «Vou-
» loir la souveraineté du peuple, en action permanente,

» se manifestant autrement que par ses délégués dans
» l'exercice de leurs fonctions constitutionnelles, c'est in-
» voquer une anarchie de fait et de principes. »

Je viens de démontrer, de la manière la plus claire,
que nous possédons le meilleur gouvernement possible;
qu'il assure les droits, la liberté, la propriété de tous
en général, et de chacun en particulier, avec un même
degré de justice et d'équité. Maintenant, je vais répondre
à l'objection de beaucoup de braves gens qui disent de
bonne foi : « Mais, puisque le gouvernement actuel est
» une œuvre si parfaite, pourquoi, dans sa marche, ren-
» contre-t-on encore tant d'obstacles; pourquoi tant d'in-
» jures adressées journellement par les échos de l'opi-
» nion publique au roi, aux ministres, aux représentans de
» la nation, à tous ceux qui occupent un poste élevé dans
» l'administration; pourquoi tant de crimes commis im-
» punément; pourquoi cette Vendée encore en état de
» guerre civile? »

Le gouvernement, tout parfait qu'il est, rencontrera
des obstacles, aussi long-temps que les chefs des divers
partis de l'opposition pourront persuader aux hommes de
bonne foi qu'ils ont su s'attacher qu'ils possèdent des
moyens assurés d'arriver à leur but, de gouverner la France;
qu'il ne faut que temps et argent; que les souverains d'Europe leur prêtent appui secrètement, jusqu'à ce que les
événemens permettent de le faire ouvertement, et que ces
événemens se préparent; que le gouvernement de Louis-
Philippe ne pourra se soutenir; qu'il éprouve les plus
grands embarras dans sa marche; qu'il n'obtient et ne
mérite aucune confiance; qu'enfin il faut s'attendre
chaque jour au changement de gouvernement en France,
et que tous ceux qui appartiennent au parti qui arrivera
au pouvoir, seront récompensés, chacun en proportion
de sa plus ou moins puissante coopération à la destruc-
tion du gouvernement que le parti aura pu remplacer.

Cependant ces promesses décevantes, répétées jour-

nellement depuis quatre ans et demi, et ces nouvelles de
progrès annoncées le jour, démenties le lendemain, ont
terriblement éclairci les rangs. Les hommes de bon sens
se détachent chaque jour de ces chefs de parti qu'ils aper-
çoivent n'être guidés que par leur intérêt personnel ; avoir
d'abord le maniement des fonds souscrits pour l'exécution des mesures qui préparent, disent-ils, le succès de
la cause; puis être gratifiées dans leur orgueil, par l'influence qu'ils exercent et le rôle qu'ils jouent à la tête du
parti : enfin se flattant, qu'en tout événement, ils parvien-
dront à s'élever soit sur le corps, soit sur les débris du
parti qu'ils auront su se former; parce que, si ce parti
pouvait parvenir au pouvoir, ce serait entre eux, chefs,
qu'ils se le partageraient, et que le parti succombant
sous le poids de la raison publique et du ridicule dont à
la fin il se couvre, la célébrité qu'ils se seront acquise, leur
fournira toujours les moyens d'accroître une fortune que
leur situation aura déjà commencée.

Ce grand triomphe annoncé par les partisans de Charles X, lors du renvoi du ministère Melbourne en Angleterre, remplacé par le ministère Wellington, tourna en
une chagrinante mystification quand on vit le *Standard*,
journal tory et l'un des principaux organes du nouveau
ministère anglais, s'exprimer ainsi :

« Les journaux carlistes, en France, ont dernièrement
» pris un ton qui pourrait devenir très-nuisible à leur
» pays, et attirer de plus grands désastres encore sur le
» malheureux parti de la branche exilée. Ils semblent
» croire que la nouvelle administration anglaise s'écarte-
» rait de la politique du cabinet de lord Melbourne, assez
» pour favoriser des tentatives ayant pour but de troubler
» l'ordre établi en France. Jamais déception ne fut plus
» grossière. La politique du cabinet à venir, autant qu'il
» nous est permis de la connaître, sera aussi décidément
» et aussi absolument pacifique qu'elle pourra l'être sans
» compromettre la dignité ou les intérêts de l'Angleterre.

» Oublie-t-on que Louis-Philippe, et le nouvel ordre de
» choses personnifié en lui, ont été reconnus avec em-
» pressement par le gouvernement anglais en août 1830 ?
» Oublie-t-on que les conservateurs respectent les traités
» dans l'esprit et dans la lettre, et que nous sommes tenus
» par traités d'être aussi fidèles alliés de Louis-Philippe ?
» Nous respectons sa loyauté ; nous respecterions assuré-
» ment la loyauté des carlistes, s'il y avait parmi eux moins
» de jésuites.

» Cependant la loyauté et l'infortune sont des titres au
» respect ; mais le devoir pour une nation de ne pas violer
» les traités ; le devoir plus sacré encore pour des hommes,
» comme agens moraux, de ne pas allumer la guerre au
» sein d'une communauté pacifique ; ces obligations exi-
» gent impérieusement que l'Angleterre réprouve, de là
» manière la moins équivoque, toute tentative ayant pour
» but le renversement de la dynastie actuelle de France ;
» et, devant ces devoirs sacrés, doivent se taire tous sen-
» timens de sympathie ou de pitié, même honorables.
» D'ailleurs la cause carliste, en France, est tout-à-fait
» désespérée, même avec l'assistance de l'Angleterre ; si
» la ligue du despotisme ne les soutenait toutes deux ; et
» c'est là une alliance à laquelle le peuple d'Angleterre ne
» consentira jamais. Ce serait donc de la barbarie de lais-
» ser les carlistes se bercer de quelque espoir à la suite du
» dernier changement. »

Ce ministère tory a depuis été remplacé par le ministère whig, ce qui détruit complétement l'espoir donné
par les chefs de l'opposition en France, à leurs partisans,
de voir l'Angleterre militer contre le gouvernement dont
nous jouissons maintenant.

La réponse à cette deuxième question : « Pourquoi tant
» d'injures adressées journellement par les échos de l'opi-
» nion publique au roi, à ses ministres, aux représentans
» de la nation, à tous ceux qui occupent un poste élevé
» dans l'administration ? » est facile à faire.

Le gouvernement de 1830 s'est établi sur les principes les plus libéraux. Le roi, ses ministres, les membres de la législature, se sont réunis dans un seul esprit, *celui d'accorder au peuple français la liberté la plus entière*. La liberté de la presse fut consacrée par l'article 7 de la Charte. Cette liberté fut considérée comme le flambeau du monarque, servant à l'éclairer sur les fautes ou abus commis par les dépositaires de son autorité, et comme garantie des droits du peuple auquel elle donne le pouvoir de dénoncer à l'autorité ou à l'opinion publique les fautes et abus qui lui portent préjudice.

Cette liberté est dégénérée en licence. On en a profité pour calomnier, injurier, tâcher de déshonorer tout ce qu'un peuple vraiment ami de la liberté a intérêt de respecter.

D'abord, on a tâché de persuader que les journaux étaient les échos de l'opinion publique ; beaucoup de gens l'ont cru ; mais le langage de plusieurs de ces journaux est venu détruire cette illusion. Les systèmes, les argumens opposés les uns aux autres qu'ils présentent, font voir qu'ils ne s'occupent que de ce qui favorise les vues du parti auquel ils s'attachent. Les grossières injures qu'ils adressent à ceux qui ont du talent et une célébrité qui nuit au succès de ce parti, manifestent l'absence de tous les sentimens qui distinguent l'homme de bien. Il est évident qu'il n'y a pas dix opinions publiques, qu'on ne peut en admettre qu'une, qui est l'opinion de la majorité de la population sensée, raisonnable, capable d'en former une dégagée de mauvaises passions, cherchant à distinguer la vérité, enfin qui désire la prospérité et la tranquillité de la nation. On conçoit donc que tout ce qui manifeste des sentimens contraires dans un journal, ne peut être considéré comme l'expression de l'opinion publique.

Le célèbre docteur Knox, membre du clergé anglican, disait à ce sujet, dans son chapitre 8 de l'ouvrage si estimé qu'il a publié à Londres en 1788, sous le titre de Soirées d'hiver (*Winter evenings*) :

« Les journaux sont un mélange de littérature, d'histoire,
» de critique, de biographie, de politique, de philosophie,
» de religion, de tout ce que l'esprit occupé de l'homme
» saisit avec ardeur... Mais dans ces divers sujets, dans la
» gratification d'un ressentiment de parti, et comme in-
» strumens de faction, ils ont exposé une masse infecte de
» fourberie, de méchanceté et de sottise ; une détraction ,
» une calommie diaboliques qui dégradent la nature
» humaine, que l'on pourrait à peine attendre de l'agence
» d'esprits maudits et infernaux , alimentant la presse du
» démon.

» Il est à désirer que l'on détourne les yeux de cet amas
» de fumier, où l'on ne trouve que des orties , des herbes
» putrides et vénéneuses, pour les porter sur ces parterres
» cultivés , où la beauté et la décence ne présentent que
» ce qui est agréable , et écartent tout ce qui est offensif.
» Tels sont les mélanges de littérature , d'histoire, de mo-
» rale que je recommande comme l'amusement le plus
» convenable aux heures de loisir.

» Opérer la réforme des journaux réclamerait la force
» d'Hercule : ce serait nettoyer les étables d'Augias.

» Je crois que les rédacteurs de journaux , dont la plu-
» part sont des hommes respectables, se réjouiraient de
» voir une telle réforme, qui leur permettrait de poursui-
» vre leurs occupations, et de favoriser leurs propres in-
» térêts sans être obligés d'être des instrumens pour répan-
» dre le poison dans les divers rangs de la société.

» Supposons que, par un accord mutuel, ils s'obligent
» à n'admettre rien qui dégrade, nuise à la réputation ,
» ou trouble la paix des familles, sans bien s'assurer de la
» vérité des faits , en en réclamant la preuve authentique,
» confirmée par le nom de la partie qui désirerait l'inser-
» tion d'une lettre ou d'un paragraphe.

» Alors les journaux s'éleveraient en valeur et en cré-

» dit, d'autant plus qu'ils seraient considérés comme des
» sources authentiques et respectables.

» Le Roi et tous ceux qui tiennent de lui quelque auto-
» torité ; l'Eglise et ses membres, ainsi que les ministres
» de la religion, de telle dénomination que ce soit, ne de-
» vraient être mentionnés qu'en termes respectueux. Leurs
» titres, avec ce qui s'ajoute par distinction honorifique,
» devraient toujours accompagner leur nom, quand cela
» se peut faire sans affectation, ni formalité oiseuse. On
» devrait considérer que les journaux passent dans les
» mains du vulgaire, de l'ignorant, de l'oisif, du débau-
» ché, du voleur et des plus dégradés de toute espèce, et
» que, du moment où l'on enseigne à ces sortes de gens à
» parler irrespectueusement de leurs supérieurs civils et
» ecclésiastiques, on détruit cette subordination qui a été
» conçue dans leur propre intérêt, et l'on affaiblit cette
» restreinte par laquelle ils étaient retenus dans des li-
» mites salutaires.

» Les mauvais principes produisent les mauvaises ac-
» tions, et il est raisonnable de penser que la mauvaise
» conduite des classes inférieures, l'esprit de désordre et
» de rébellion de notre temps, est dû en partie à la cor-
» ruption des journaux.

» On y voit des avis si évidemment frauduleux, d'au-
» tres si grossièrement indécens, que celui qui veut jouir
» de la réputation d'honnête homme et de bon citoyen,
» trouverait difficile d'en entreprendre la publication
» sans la compromettre.

» En traitant ce sujet, je déclare à mon lecteur que je
» n'ai aucune cause personnelle de les détester. Je les
» désapprouve, parce que je les regarde comme un mal
» public. Ils sont ennemis de l'ordre, de la décence, de
» la propriété, de la vérité, de la modération, de la vertu,
» de la science et de la religion ; en sorte que tout effort
» pour en opérer la réforme, doit être exempt d'excuse.
» Je n'en fais aucune. Je suggérerai une idée seulement,

» à ceux qui les rédigent, quand toute autre pourrait être
» sans effet : ils doivent considérer que, dégradant ainsi
» les journaux de ce mérite qu'ils pourraient avoir en se
» rendant interprètes fidèles de tout ce dont il est utile
» d'être informé, ils peuvent tomber graduellement dans
» un tel mépris, qu'on dédaignera de les lire. La perver-
» sité des hommes et la corruption de la société, en partie
» occasionée par eux, peuvent bien ne pas rendre un tel
» événement probable en ce moment : cependant il est
» certain que, dans le cours d'un certain temps, les jour-
» naux peuvent devenir si vils qu'ils n'obtiendront que
» le mépris universel.

» Si les bonnes mœurs n'opèrent pas la diminution du
» grand nombre de journaux, les lois peuvent intervenir
» et y suppléer ; et puisque c'est le devoir des législateurs
» et de tout bon gouvernement de supprimer tout ce qui
» nuit à l'intérêt de la société, on doit présumer (nonob-
» stant les clameurs concernant la liberté de la presse, le
» non-sens du *palladium* et autres déclamations accoutu-
» mées des gens du parti), que la presse viendra par la
» suite à être réprimée, et les journaux abolis ou décou-
» ragés par un énorme impôt. »

Ainsi s'exprimait le vertueux docteur Knox, en
1788, sur la licence des journaux anglais. Peut-être
est-ce à lui qu'on doit que leur style soit devenu plus
chaste : on y trouve encore le fiel des passions qui animent
les partis ; mais on n'y rencontre plus ces injures, ces in-
décentes et grossières expressions appliquées directement
aux personnages les plus élevés. Si cette leçon, qu'il ren-
dit utile à ses compatriotes, pouvait le devenir à ceux
des journalistes français auxquels ce qu'il écrivait alors
peut être applicable aujourd'hui, nous lui saurions gré
de nous avoir également épargné le spectacle affligeant
d'hommes se déshonorant par l'impureté de leurs écrits
aux yeux de leurs concitoyens et de l'étranger.

Il est également facile de répondre à cette troisième

question : « Pourquoi tant de crimes commis impuné-
» ment; pourquoi cette Vendée encore en état de guerre
» civile? »

Cela provient de ce que le gouvernement né de la révolution de 1830 s'est considéré comme apportant avec
lui de tels avantages et de si grandes garanties au peuple
français, qu'il s'est persuadé pouvoir compter sur le bon
sens de l'immense majorité de la nation pour bien les apprécier, et les défendre contre tous agresseurs, ennemis
du bien public; qu'alors, confiant dans cet appui, le roi,
son conseil, les chambres, ont concouru à étendre les libertés, adoucir la sévérité de la loi, et faire grâce même à
tous ceux qu'elle atteignait, lorsque cette grâce a paru
sans inconvénient.

Quant à la guerre civile dans la Vendée, il faut bien
distinguer deux principes différens dans ceux qui l'y entretiennent, *l'ignorance* et *le crime*. La population de
cette contrée est peu instruite et livrée à une superstition
que l'on s'est plu à entretenir en elle. « *Le trône et l'au-*
» *tel!* Défendre l'un et l'autre, y sacrifier même sa vie,
» c'est le moyen de vivre éternellement dans un meilleur
» monde. » Voici ce que, depuis le berceau, chacun de
ces braves gens entend répéter; et quand leur pasteur dit :
« Le trône et l'autel sont en danger », ils s'arment, mar-
chent où on veut les conduire, se battent contre ceux qu'on
leur dit être des ennemis; mais déjà un certain nombre
sont parvenus à découvrir qu'on abusait de leur simpli-
cité. Ils ont abandonné ceux qui les poussaient au feu
pour leur gratification personnelle, et sont rentrés dans
leurs demeures où ils vivent tranquilles et protégés par
les autorités; tandis que d'autres, plus ignorans, sont res-
tés imbus de cette idée, que c'est se rendre agréables à
Dieu que de combattre un gouvernement qu'on leur dit en
être l'ennemi; en sorte que, s'ils ne rencontrent plus de
chefs distingués et capables pour les commander, ils prêtent assistance et retraite à des hommes qui, pour eux-

mêmes, *ne connaissent ni Dieu ni Roi*, mais profitent de l'ignorante superstition de ceux qui se laissent aveuglément conduire par des criminels qui, en leur criant : « *Secourez le trône et l'autel* », égorgent et volent partout où ils espèrent trouver du butin. Lisez les plaidoiries et témoignages devant les cours d'assises où l'on instruit le procès de ces brigands, et vous obtenez la conviction qu'ils exploitent la Vendée pour leur propre compte ; que les habitans de cette contrée sont, les uns leurs dupes, les autres leurs victimes.

Je crois, mes chers compatriotes, vous avoir suffisamment développé toutes les circonstances caractéristiques du passé et du présent ; avoir démontré les malheurs des temps passés et leurs causes ; les avantages du temps présent, comme aussi ce qui nous reste à faire pour nous en assurer la jouissance.

J'ai expliqué comment cette souveraineté du peuple, qui ne peut exister en action permanente, est pourtant réelle par ses délégués dans l'exercice de leurs fonctions constitutionnelles. Il ne me reste donc plus qu'à démontrer qu'il ne dépend que de nous d'assurer notre liberté et nos droits civils, sans qu'il soit au pouvoir de qui que ce soit d'y porter atteinte. Ceci tient uniquement au choix que nous faisons de ceux auxquels nous donnons le pouvoir de nous représenter, de contribuer à la formation des lois, et veiller à leur exécution.

Nous avons montré jusqu'à ce jour une trop grande légèreté dans ce choix. Je suis loin de soupçonner les bonnes intentions de beaucoup de nos représentans qui ont agi en opposition au gouvernement de 1830. J'aime à croire que la plupart d'entre eux ont pensé qu'il y avait moyen de faire mieux dans l'intérêt de la France ; mais les bonnes intentions ne sont pas les seules qualités qui constituent un bon député. S'il manque d'expérience, de science politique, de jugement : si, ce qui arrive à bien des gens sans s'en apercevoir, ni le laisser apercevoir aux autres, son jugement est faussé par son intérêt ou son ambition, il pourra devenir nuisible plutôt qu'utile à l'intérêt général, à la prospérité de la France. Nous convenons tous de cette vérité, mais nous ne savons pas tous également apprécier les moyens de découvrir les qualités essentielles pour faire un bon député.

Voici comment s'en exprime un écrivain politique qui a parcouru le monde en observateur calme et instruit, et qui a fait preuve d'une grande connaissance des hommes et des choses ; il dit : « Un représentant du peuple doit » avoir un temps d'épreuve suffisamment long pour mon- » trer, non par discours ou action pendant une session » ou deux, mais par un cours varié de services libres, qu'il » a le bien du peuple à cœur, et pour prouver que, dans » cet espace de temps, ses actions et ses opinions étant » considérées et jugées dans leur ensemble, il est qualifié » par ses connaissances en affaires publiques, son désin- » téressement et son habileté personnelle, pour bien con- » duire ce mécanisme compliqué confié à ses soins (1). »

Ceci s'appliquait à des députés élus pour un an, comme aux Etats-Unis ; mais en France où ils le sont pour cinq années, il est important d'apprendre à bien connaître ceux auxquels on va confier ses plus chers intérêts, avant de leur en accorder le mandat. Examinons donc à quels signes nous pourrons les reconnaître.

De tous temps, les peuples se sont laissé captiver par des paroles plutôt que par des faits, quoique les unes soient décevantes, les autres constans et les preuves de la vérité. L'éloquence sait déguiser l'imposture, les actions la démasquent.

Or, si nous voulons apprécier le véritable caractère, les sentimens du candidat, attachons-nous à connaître les actes de sa vie privée ; car ils nous seront garans de sa vie politique. Sachons bien nous convaincre surtout que l'esprit

____

(1) Traduit de *Bazil Hall's travels in the United States*.

du député le rendra utile à ses commettans s'il a de l'expérience, du dévouement à sa patrie, des sentimens élevés : mais que, s'il ne possède pas ces qualités, s'il n'a
pas eu occasion d'apprendre à connaître les hommes et
les choses; si son intérêt personnel domine toutes ses pen-
sées ; si une ambition démesurée le rend avide de richesses et d'honneurs; s'il est d'un caractère passionné,
vindicatif, dominant, plus il aura d'esprit, plus il deviendra nuisible aux intérêts de ses commettans, qu'il sera
toujours prêt à sacrifier aux siens propres.

Méfions-nous surtout de cet homme qui vient solliciter
avec instance, souplesse et flagornerie, notre vote en sa
faveur. S'il n'a pas de fortune, c'est qu'il espère en acquérir, ce qu'il ne peut obtenir qu'induement, car son mandat est gratuit, et le temps qu'il emploie à remplir ses
fonctions de député, le privant de soigner ses propres affaires, il faudra bien, pour se défrayer, subvenir à son
existence, aux besoins de sa famille, s'il en a, qu'il fasse
trafic de sa situation. S'il a de la fortune, c'est qu'il a une
excessive ambition; car, tellement agréable qu'il puisse
être d'obtenir le suffrage de ses concitoyens, l'homme
d'honneur, l'homme moral (et celui-là seul peut les représenter utilement); ne voudra jamais s'avilir en allant le
mendier.

Evitons de nous laisser séduire par ces hommes à langue
dorée, pleins de belles promesses, qui sèment dans nos
esprits la méfiance contre le gouvernement, qui nous font
voir le roi, les ministres, comme méditant sans cesse de
nous enchaîner, de s'enrichir en nous dépouillant; qui
nous promettent de s'opposer à leur envahissement, de
défendre notre liberté, nos droits et nos propriétés.

Ce n'est pas ainsi que l'homme digne de notre confiance
tâchera de nous captiver. S'il a le louable désir de faire
valoir son expérience, ses talens au profit de ses concitoyens, il leur laissera savoir qu'il acceptera avec plaisir
et même reconnaissance l'honneur de les représenter. Il

pourra appeler leur attention sur les qualités qu'il croit posséder ; les inviter à considérer sa vie privée, son caractère moral ; leur exposer le désintéressement dont il a toujours fait preuve, les services qu'il aura eu occasion de rendre à la société ; tout ceci est dans les justes limites du plan de conduite que peut se tracer l'homme qui se respecte, qui a le désir d'être utile à son pays et à ses compatriotes. C'est à eux à bien approfondir le véritable motif qui le dirige, si les qualités qu'il annonce comme lui donnant droit à solliciter leurs suffrages sont constantes ; si les hommes qui se rendent ses prôneurs le font de bonne foi et sans autre intérêt que de rendre hommage à la vérité. Certes, un homme qui se présentera ainsi aux suffrages de ses concitoyens, pourra et devra en être jugé digne, et, lorsqu'il sera nommé leur représentant, rendre des services signalés.

Mais celui qui se présentera comme candidat loin des lieux où il a vécu, où on a pu apprendre à le connaître ; celui qui par intrigues sera parvenu à faire parler de lui dans quelque département où il ne sera connu que pour s'y être fait vanter par ces hommes qui se dévouent à ceux qui promettent de les récompenser de leurs peines, et surtout du succès qu'ils leur procureront ; celui qui, lorsque les esprits lui paraîtront ainsi disposés en sa faveur, quittera sa famille, son domicile, ses affaires, et accourra au milieu de ces bonnes gens, déjà tout émerveillés de sa renommée factice ; les saluera d'un air gracieux, leur serrera la main d'un ton affectueux ; puis, après le repas qu'on lui aura offert, prononcera un beau discours, dans lequel il aura soin de proclamer son patriotisme, son dévouement à la gloire de la nation, à sa prospérité en général, et particulièrement aux intérêts du département qu'il désire avoir l'honneur de représenter comme de ceux de ses habitans qui l'honoreront de leur suffrage. Celui qui vient nier les améliorations du système de gouvernement assurées par la Charte de 1830 et les garanties qu'elle donne contre l'asservissement du peuple ; celui qui, au contraire, assimile le temps présent aux temps passés, et vous représente les ministres chargés du pouvoir exécutif, comme supportant impatiemment le contrôle des assemblées, manifestant sans cesse leur jalousie contre les corps délibérans, et imaginant que le pouvoir exécutif hérite de ce qu'il ôte aux autres pouvoirs de l'Etat. Celui enfin qui tâche de soulever votre orgueil en vous insinuant que vous êtes méprisés par le pouvoir ; puis, après vous avoir suggéré toutes ces idées, vous déclare sa ferme résolution de veiller et lutter pour vous contre tous ces abus et dangers qu'il signale ; celui-là, soyez-en bien assurés, s'occupera plus de sa propre élévation que de vous accorder protection.

Rappelez-vous certain député de la Haute-Garonne qui, après avoir obtenu, par de semblables moyens, les suffrages de ses concitoyens, débuta à la tribune par porter une accusation directe, non pas seulement contre les ministres du roi, mais contre Louis XVIII lui-même, pour s'être rendu coupable, disait-il, d'avoir voulu influencer les élections ; puis, rappelez-vous bien aussi que ce même député, parvenu par son esprit et son intrigue à devenir ministre, conseilla à Charles X de dissoudre la chambre, parce qu'il ne pouvait pas la dominer ; et que, pour en obtenir une nouvelle qui voulût entrer dans ses vues, il eut recours à toutes les ruses que son esprit fécond en moyens lui suggéra pour exercer lui-même sur les élections cette indue influence qu'il avait eu la témérité d'imputer à Louis XVIII peu d'années auparavant.

C'est ainsi que les intrigans réussissent à faire des dupes des hommes de bonne foi qui se laissent séduire par une éloquence et des promesses trompeuses.

Nous voyons l'exemple de cet ex-ministre, qui médita l'asservissement du peuple français par des ordonnances qu'il n'osa faire promulguer sous son ministère, crainte d'exposer sa tête, suivi par quelques uns de ces députés

qui, confians dans les ressources que leur a procurées l'habitude du barreau, commencent par faire de l'opposition
au gouvernement, déclarent orgueilleusement qu'ils
viennent l'éclairer, modérer ses écarts, le combattre, etc.

Les orateurs qui prennent ce ton élevé ont deux choses
en vue. Ils espèrent se rendre précieux à leurs mandataires, en se montrant disposés à défendre leurs droits, qu'ils
leur représentent comme prêts à être envahis; puis re-
doutables au gouvernement par leur esprit, que l'on
croira, se disent-ils, pouvoir être utilement employé, si
on les laisse entrer dans l'administration.

L'homme d'honneur agit plus loyalement. Il ne jette
pas l'alarme dans l'esprit du peuple. Il n'insulte pas le
pouvoir, il ne cherche pas à tromper l'un par des promesses, ni troubler l'autre par des menaces. Il ne dit pas
à ses commettans : « Je voterai dans tel sens; je me range-
» rai sous telle bannière. » Il dit franchement : « En m'ac-
» cordant votre confiance, vous m'en croyez digne. Je
» justifierai votre choix. Je consulterai mes lumières, mon
» expérience, et j'agirai suivant ma conscience. »

Il démontre à ses mandataires les avantages que leur assure la forme de gouvernement établie; qu'il ne tient qu'à
eux de s'en conserver la jouissance, en choisissant bien
leurs députés, s'attachant surtout à ceux qui ont toujours
employé leur esprit à faire le bien dans un but moral,
d'utilité publique, et avec désintéressement; comme aussi
à ceux qui, au lieu de s'occuper à séparer la tête et les
membres du corps social, ne songent qu'à établir une parfaite union entre eux et à empêcher qu'aucune partie ne
nuise à l'autre.

Au lieu d'entraver la marche du gouvernement, de
harceler les ministres, tâcher de leur faire abandonner
leurs fonctions pour s'en revêtir, le loyal député les en-
courage; s'ils se trompent, il les redresse, mais jamais ne
les insulte; c'est l'arme du lâche, puisque le ministre ne
peut pas en exiger la réparation, à moins de consentir

descendre de sa haute dignité, pour se mesurer avec un spadassin désappointé, ou commissionné par le parti qui suggère la provocation.

Quel peut être en effet le but de celui qui insulte le ministère, si ce n'est d'arriver à en faire partie lui-même? On peut le combattre avec des argumens. On peut lui refuser son vote ; mais des injures ! à quoi servent-elles ? A déshonorer, aux yeux des hommes de bien, celui qui y a recours, et à avilir, aux yeux de l'étranger, le corps politique qui les tolère.

Je reviens au principe, et j'en déduis les conséquences.

Le principe du gouvernement, que la Charte de 1830 nous a donné et garanti, *est celui de la* SOUVERAINETÉ NATIONALE.

Cette souveraineté s'exerce par les délégués du peuple. Plus il a apporté d'attention et de prudence dans le choix qu'il en a fait, plus il obtient d'avantages, en ce qu'ils veillent constamment à en accroître la masse ; moins il a de charge à supporter, parce qu'ils entretiennent l'union et la confiance entre les gouvernans et les gouvernés, ce qui est de l'intérêt des uns et des autres, parce qu'ils donnent la force morale contre les ennemis intérieurs et extérieurs. Cette force morale triomphe toujours de la force matérielle : elle enrichit les états que cette dernière au contraire appauvrit.

Dans un tel gouvernement, le roi est au corps social, LA TÊTE. Qui ne respecte pas la tête, tend à détruire le corps. Il est aussi le père du peuple, et le pacte qui lui a conféré son rang ne lui a pas laissé la faculté d'être mauvais père. Il ne lui a accordé que celle de faire le bien sans pouvoir faire le mal. Ainsi, de son côté, rien à redouter.

Il est inviolable. Cette condition est celle de notre paix. S'il ne l'était pas, il serait constamment en butte aux attaques des ennemis du gouvernement de notre prédilection, qui tâcheraient d'y en substituer un ou absolu ou militaire, despotique et sanguinaire; mais comme il ne se promulgue aucune loi, aucune ordonnance sans la signature d'un ministre responsable, nous avons une plus forte garantie contre toute attaque à notre constitution, que si cette inviolabilité n'existait pas; car il serait beaucoup plus facile d'entamer un procès pour crime d'état contre un ministre, que contre le roi; et, comme le redressement du tort éprouvé serait la chose la plus importante, même avant la punition du coupable, nous obtiendrions plus promptement l'un et l'autre sans renversement, ni même ébranlement de l'édifice social.

Les ministres sont les membres de ce corps? Peuvent-ils agir contre lui? Non! leurs mouvemens sont réglés; ils ne peuvent agir que dans son intérêt; et notre grand avantage est que, s'ils faillissent, nous leur en substituerons d'autres.

Ils sont choisis par le roi! oui, *de fait*; car celui qui gouverne doit avoir le choix de ceux qu'il appelle à partager ce fardeau avec lui; mais, comme ces ministres ne peuvent rien obtenir qui ne soit sanctionné par les députés; que, presque généralement, c'est parmi eux qu'ils sont choisis, il en résulte qu'ils ne peuvent rien de plus que ce qui est sanctionné par le peuple, dont ils sont réellement les délégués.

Or, les ministres ne pouvant rien que par le peuple, le roi ne pouvant rien qu'avec les ministres, il est évident que le peuple est arbitre de son sort; ce qui le fait appeler figurativement LE PEUPLE SOUVERAIN.

Tout individu de bonne foi, doué de simple bon sens, qui voudra prendre la peine de lire attentivement ce petit traité de politique pratique, d'y bien réfléchir, de le commenter, finira par reconnaître que jamais nation ne posséda une meilleure forme de gouvernement que celui qui nous est garanti par la Charte de 1830; que nous ne pouvons y rien changer sans perdre quelques uns des avantages qu'il nous assure, et qu'il ne dépend que du peuple français, de sa raison, de sa sagesse, d'acquérir le plus haut degré de prospérité et de puissance.

Chers compatriotes, mes amis, mes frères, ah! réunissons-nous dans cette noble et généreuse pensée! LA PATRIE AVANT TOUT. L'INTÉRÊT GÉNÉRAL, PUIS L'INTÉRÊT PARTICULIER. Qu'elle soit le symbole de notre foi, le flambeau qui nous guide dans la route qui nous est ouverte. Calmons nos passions. Que la raison, la vertu, l'honneur nous enflamment! Donnons notre belle France pour exemple à l'univers. Rendons-la, par notre accord, puissante et glorieuse. Nous sommes le peuple favorisé de Dieu; car il nous a fait naître les enfans du plus beau pays de la terre, et nous a doués des plus grandes facultés de l'esprit. Ne déchirons pas le sein de notre mère. Montrons-nous dignes des bontés de notre créateur, et méritons, par la pratique des vertus civiles et chrétiennes en ce monde, d'obtenir la noble récompense qu'il nous réserve dans l'autre, pour prix de notre reconnaissance envers lui.

INDEX

Des matières traitées et questions résolues dans cette Adresse; pour en faciliter la recherche dans toute discussion politique, et faire que l'on puisse s'entendre, d'abord sur la véritable nature de la question, puis sur le mérite de la solution.

———

Du gouvernement reconnu de tout temps comme étant le meilleur. — Page 11

De ce que l'on appelle *son opinion*. — 12

De la science politique difficile à obtenir. — *Ibid.*

De la *légitimité*. — 14

Comment l'esprit est utile ou nuisible. — 17

Des systèmes dits de *bascule* et du *juste milieu*. — 24

Des inconvéniens pour soi-même d'employer l'injure et la calomnie. — 25

Preuves que l'immense majorité du peuple français veut le gouvernement actuel. — 26

Des conséquences de l'esprit de conquêtes. — 30

Des avantages de s'en tenir aux moyens de défense. — 31

Démonstration de leur erreur

— aux carlistes, dits légitimistes. — 27

— aux bonapartistes. — 29

— aux républicains. — 32

Du gouvernement des États-Unis et de l'opinion du général Moreau sur cette *république-modèle*. — 33

Démonstration des avantages du gouvernement actuel, dit *monarchi-constitutionnel*. — 40

De ce que l'on doit entendre par *le peuple souverain*. 43

De *l'opinion publique*. 47

Le docteur Knox, sur la licence de la presse. 48

De l'importance de bien choisir les députés. 52

Comment apprendre à les connaître. 53

De *l'inviolabilité du roi* et de ses avantages pour le peuple. 58

De la *responsabilité ministérielle* et des garanties qu'elle procure. 59

Des avantages pour la nation en général, et le peuple en particulier, d'abjurer l'esprit de parti et de se réunir dans l'intérêt commun, sous un rapport politique, moral et religieux. 60

Paris, Imprimerie de COSSON, rue Saint-Germain-des-Prés.

www.ingramcontent.com/pod-product-compliance
Lightning Source LLC
Chambersburg PA
CBHW061805050726
47598CB00002B/893